绚丽甘肃
MAGNIFICENT GANSU

华夏文明之源

陇文化的历史面孔

GAOYUAN JINGSHUI JIAN DE XIANZHOU WENHUA

高原泾水间的先周文化

彭金山 / 著

甘肃教育出版社

图书在版编目（CIP）数据

高原泾水间的先周文化 / 彭金山著. -- 兰州：甘
肃教育出版社，2014.6(2019.5重印)
（华夏文明之源·历史文化丛书）
ISBN 978-7-5423-3190-8

Ⅰ.①高… Ⅱ.①彭… Ⅲ.①周文化(考古学)—研
究 Ⅳ.①K871.3

中国版本图书馆CIP数据核字(2014)第111807号

高原泾水间的先周文化

彭金山　著

责任编辑　王文琴　伏文东

美术编辑　马吉庆

出　版　甘肃教育出版社
社　址　兰州市读者大道568号　730030
网　址　www.gseph.cn　　E-mail　gseph@duzhe.cn
电　话　0931-8773145（编辑部）　0931-8435009（发行部）
传　真　0931-8773056
淘宝官方旗舰店　http://shop111038270.taobao.com

发　行　甘肃教育出版社　　印　刷　河北画中画印刷科技有限公司
开　本　787毫米×1092毫米　1/16　印　张　12　插　页　2　字　数　148千
版　次　2014年12月第1版
印　次　2019年5月第4次印刷
印　数　13 001～23 000
书　号　ISBN 978-7-5423-3190-8　定　价　42.00元

华夏文明之源

《华夏文明之源·历史文化丛书》

编 委 会

总　序

华夏文明是世界上最古老的文明之一。甘肃作为华夏文明和中华民族的重要发祥地，不仅是中华民族重要的文化资源宝库，而且参与谱写了华夏文明辉煌灿烂的篇章，为华夏文明的形成和发展做出了重要贡献。甘肃长廊作为古代西北丝绸之路的枢纽地，历史上一直是农耕文明与草原文明交汇的锋面和前沿地带，是民族大迁徙、大融合的历史舞台，不仅如此，这里还是世界古代四大文明的交汇、融合之地。正如季羡林先生所言："世界上历史悠久、地域广阔、自成体系、影响深远的文化体系只有四个：中国、印度、希腊、伊斯兰，再没有第五个；而这四个文化体系汇流的地方只有一个，就是中国的敦煌和新疆地区，再没有第二个。"因此，甘肃不仅是中外文化交流的重要通道、华夏的"民族走廊"（费孝通）和中华民族重要的文化资源宝库，而且是我国重要的生态安全屏障、国防安全的重要战略通道。

自古就有"羲里""娲乡"之称的甘肃，是相传中的人文始祖伏羲、女娲的诞生地。距今 8000 年的大地湾文化，拥有 6 项中国考古之最：中国最早的旱作农业标本、中国最早的彩陶、中国文字最早的雏形、中国最早的宫殿式建筑、中国最早的"混凝土"地面、中国最早的绘画，被称为"黄土高原上的文化奇迹"。兴盛于距今 4000—5000 年之间的马家窑彩陶文化，以其出土数量最多、造型最为独特、色彩绚丽、纹饰精美，代表了中国彩陶艺术的最高成就，达到了世界彩陶艺术的巅峰。马家窑文化林家遗址出土的青铜刀，被誉为"中华第一刀"，将我国使用青铜器的时间提早到距今 5000 年。从马家窑文化到齐家文化，甘肃成为中国最早从事冶金生产的重要地区之一。不仅如此，大地湾文化遗址和马家窑文化遗址的考古还证明了甘肃是中国旱作农业的重要起源地，是中亚、西亚农业文明的交流和扩散区。"西北多民族共同融合和发展的历史可以追溯到甘肃的史前时期"，甘肃齐家文化、辛店文化、寺洼文化、四坝文化、沙井文化等，是"氐族、西戎等西部族群的文化遗存，农耕文化和游牧文化在此交融互动，形成了多族群文化汇聚融合的格局，为华夏文明不断注入新鲜血液"（田澍、雍际春）。周、秦王朝的先祖在甘肃创业兴邦，最终得以问鼎中原。周先祖以农耕发迹于庆阳，创制了以农耕文化和礼乐文化为特征的周文化；秦人崛起于陇南山地，将中原农耕文化与西戎、北狄等族群文化交融，形成了农牧并举、华戎交汇为特征的早期秦文化。对此，历史学家李学勤认为，前者"奠定了中华民族的礼仪与道德传统"，后者"铸就了中国两千多年的封建政治、经济和文化格局"，两者都为华夏文明的发展产生了决定性的影响。

自汉代张骞通西域以来，横贯甘肃的"丝绸之路"成为中原联系西域和欧、亚、非的重要通道，在很长一个时期承担着华夏文明与域外文明交汇、融合的历史使命。东晋十六国时期，地处甘肃中西部的河西走廊地区曾先后有五个独立的地方政权交相更替，凉州（今武威）成为汉文化的三个中心之一，"这一时期形成的五凉文化不仅对甘肃文化产生过深刻影响，而且对南北朝文化的兴盛有着不可磨灭的功绩"（张兵），并成为隋唐制度文化的源头之一。甘肃的历史地位还充分体现在它对华夏文明存续的历史贡献上，历史学家陈寅恪在《隋唐制度渊源略论稿》中慨叹道："西晋永嘉之乱，中原魏晋以降之文化转移保存于凉州一隅，至北魏取凉州，而河西文化遂输入于魏，其后北魏孝文宣武两代所制定之典章制度遂深受其影响，故此（北）魏、（北）齐之源其中亦有河西之一支派，斯则前人所未深措意，而今日不可不详论者也。""秦凉诸州西北一隅之地，其文化上续汉、魏、西晋之学风，下开（北）魏、（北）齐、隋、唐之制度，承前启后，继绝扶衰，五百年间延绵一脉"，"实吾国文化史之一大业"。魏晋南北朝民族大融合时期，中原魏晋以降的文化转移保存于江东和河西（此处的河西指河西走廊，重点在河西，覆盖甘肃全省——引者注），后来的河西文化为北魏、北齐所接纳、吸收，遂成为隋唐文化的重要来源。因此，在华夏文明曾出现断裂的危机之时，河西文化上承秦汉下启隋唐，使华夏文明得以延续，实为中华文化传承的重要链条。隋唐时期，武威、张掖、敦煌成为经济文化高度繁荣的国际化都市，中西方文明交汇达到顶峰。自宋代以降，海上丝绸之路兴起，全国经济重心遂向东、向南转移，西北丝绸之路逐渐走过了它的繁盛期。

"丝绸之路三千里，华夏文明八千年。"这是甘肃历史悠久、文化厚重的生动写照，也是对甘肃历史文化地位和特色的最好诠释。作为华夏文明的重要发祥地，这里的历史文化累积深厚，和政古动物化石群和永靖恐龙足印群堪称世界瑰宝，还有距今 8000 年的大地湾文化、世界艺术宝库——敦煌莫高窟、被誉为"东方雕塑馆"的天水麦积山石窟、藏传佛教格鲁派六大宗主寺之一的拉卜楞寺、"天下第一雄关"嘉峪关、"道教名山"崆峒山以及西藏归属中央政府直接管理历史见证的武威白塔寺、中国旅游标志——武威出土的铜奔马、中国邮政标志——嘉峪关出土的"驿使"等等。这里的民族民俗文化绚烂多彩，红色文化星罗棋布，是国家 12 个重点红色旅游省区之一。现代文化闪耀夺目，《读者》杂志被誉为"中国人的心灵读本"，舞剧《丝路花雨》《大梦敦煌》成为中华民族舞剧的"双子星座"。中华民族的母亲河——黄河在甘肃境内蜿蜒 900 多公里，孕育了以农耕和民俗文化为核心的黄河文化。甘肃的历史遗产、经典文化、民族民俗文化、旅游观光文化等四类文化资源丰度排名全国第五位，堪称中华民族文化瑰宝。总之，在甘肃这片古老神奇的土地上，孕育形成的始祖文化、黄河文化、丝绸之路文化、敦煌文化、民族文化和红色文化等，以其文化上的混融性、多元性、包容性、渗透性，承载着华夏文明的博大精髓，融汇着古今中外多种文化元素的丰富内涵，成为中华民族宝贵的文化传承和精神财富。

甘肃历史的辉煌和文化积淀之深厚是毋庸置疑的，但同时也要看到，甘肃仍然是一个地处内陆的西部欠发达省份。如何肩负丝绸之路经济带建设的国家战略、担当好向西开放前沿的国家使命？如何充分利用国家批复的甘肃省建设华夏文明传承创新区这一文化发展战略平台，推动甘肃文化的大发展大繁荣和经济社会的转型发展，成为甘肃面临的新的挑战和机遇。目前，甘肃已经将建设丝绸之路经济带"黄金段"与建设华夏文明传承创新区统筹布局，作为探索经济欠发达但文化资源富集地区的发展新路。如何通过华夏文明传承创新区的建设使华夏的优秀文化传统在现代语境中得以激活，成为融入现代化进程的"活的文化"，华夏文明的传承保护与创新，实际上是我国在走向现代化过程中如何对待传统文化的问题。华夏文明传承创新区的建设能够缓冲迅猛的社会转型对于传统文化的冲击，使传统文化在保护区内完成传承、发展和对现代化的适应，最终让传统文化成为中国现代化进程中的"活的文化"。因此，华夏文明传承创新区的建设原则应该是文化与生活、传统与现代的深度融合，是传承与创新、保护与利用的有机统一。要激发各族群众的文化主体性和文化创造热情，抓住激活文化精神内涵这个关键，真正把传承与创新、保护与发展体现在整个华夏文明的挖掘、整理、传承、展示和发展的全过程，实现文化、生态、经济、社会、政治等统筹兼顾、协调发展。华夏文化是由我国各族人民创造的"一体多元"的文化，形式是多样的，文化发展的谱系是多样的，文化的表现形式也是多样的，因此，要在理论上深入研究华夏文化与现代文化、与各民族文化之间的关系以及华夏文化现代化的自身逻辑，让各族文化在符合自身逻辑的基础上实现现代化。要高度重视生态环境保护和文化生态保护的问题，在华夏文明传承创新区中设立文化生态保护区，实现文化传承保护的生态化，避免文化发展的"异化"和过度开发。坚决反对文化保护上的两种极端倾向：为了保护而保护的"文化保护主义"和一味追求经济利益、忽视文化价值实现的"文化经济主义"。在文化的传承创新中要清醒地认识到，华夏传统文化具有不同层次、形式各样的价值，建立华夏文明传承创新区不是在中华民族现代化的洪流中开辟一个"文化孤岛"，而是通过传承创新的方式争取文化发展的有利条件，使华夏文化能够在自身特性的基础上，按照自身的文化发展逻辑实现现代化。要以社会主义核心价值体系来总摄、整合和发展华夏文化的内涵及其价值观念，使华夏的优秀文化传统在现代语境中得到激活，尤其是文化精神内涵得到激活。这是对华夏文明传承创新的理性、科学的文化认知与文化发展观，这是历史意识、未来眼光和对现实方位准确把握的充分彰显。我们相信，立足传承文明、创新发展的新起点，随着建设丝绸之路经济

5

带国家战略的推进，甘肃一定会成为丝绸之路经济带的"黄金段"，再次肩负起中国向西开放前沿的国家使命，为中华文明的传承、创新与传播谱写新的壮美篇章。

正是在这样的历史背景下，读者出版传媒股份有限公司策划出版了这套《华夏文明之源·历史文化丛书》。"丛书"以全新的文化视角和全球化的文化视野，深入把握甘肃与华夏文明史密切相关的历史脉络，充分挖掘甘肃历史进程中与华夏文明史有密切关联的亮点、节点，以此探寻文化发展的脉络、民族交融的驳杂色彩、宗教文化流布的轨迹、历史演进的关联，多视角呈现甘肃作为华夏文明之源的文化独特性和杂糅性，生动展示绚丽甘肃作为华夏文明之源的深厚历史文化积淀和异彩纷呈的文化图景，形象地书写甘肃在华夏文明史上的历史地位和突出贡献，将一个多元、开放、包容、神奇的甘肃呈现给世人。

按照甘肃历史文化的特质和演进规律以及与华夏文明史之间的关联，"丛书"规划了"陇文化的历史面孔、民族与宗教、河西故事、敦煌文化、丝绸之路、石窟艺术、考古发现、非物质文化遗产、河陇人物、陇右风情、自然物语、红色文化、现代文明"等13个板块，以展示和传播甘肃丰富多彩、积淀深厚的优秀文化。"丛书"将以陇右创世神话与古史传说开篇，让读者追寻先周文化和秦早期文明的遗迹，纵览史不绝书的五凉文化，云游神秘的河陇西夏文化，在历史的记忆中描绘华夏文明之源的全景。随"凿空"西域第一人张骞，开启"丝绸之路"文明，踏入梦想的边疆，流连于丝路上的佛光塔影、古道西风，感受奔驰的马蹄声，与行进在丝绸古道上的商旅、使团、贬谪的官员、移民擦肩而过。走进"敦煌文化"的历史画卷，随着飞天花雨下的佛陀微笑在沙漠绿洲起舞，在佛光照耀下的三危山，一起进行千佛洞的千年营建，一同解开藏经洞封闭的千年之谜。打捞"河西故事"的碎片，明月边关的诗歌情怀让人沉醉，遥望远去的塞上烽烟，点染公主和亲中那历史深处的一抹胭脂红，更觉岁月沧桑。在"考古发现"系列里，竹简的惊世表情、黑水国遗址、长城烽燧和地下画廊，历史的密码让心灵震撼；寻迹石上，在碑刻摩崖、彩陶艺术、青铜艺术面前流连忘返。走进莫高窟、马蹄寺石窟、天梯山石窟、麦积山石窟、炳灵寺石窟、北石窟寺、南石窟寺，沿着中国的"石窟艺术"长廊，发现和感知石窟艺术的独特魅力。从天境——祁连山走入"自然物语"系列，感受大地的呼吸——沙的世界、丹霞地貌、七一冰川，阅读湿地生态笔记，倾听水的故事。要品味"陇右风情"和"非物质文化遗产"的神奇，必须一路乘坐羊皮筏子，观看黄河水车与河道桥梁，品尝牛肉面的兰州味道，然后再去神秘的西部古城探幽，欣赏古朴的陇右民居和绮丽的服饰艺术；另一路则要去仔细聆听来自民间的秘密，探寻多彩风情的民俗、流光溢彩的民间美术、妙手巧工的传统技艺、箫管曲长的传统音乐、霓裳羽衣的传统舞蹈。最后的乐章属于现代，在"红色文化"里，回望南梁政权、哈达铺与榜罗镇、三军会师、西路军血战河西的历史，再一次感受解放区妇女封芝琴（刘巧儿原型）争取婚姻自由的传奇；"现代文明"系列记录了共和国长子——中国石化工业的成长记忆、中国人的航天梦、中国重离子之光、镍都传奇以及从书院学堂到现代教育，还有中国舞剧的"双子星座"。总之，"丛书"沿着华夏文明的历史长河，探究华夏文明演变的轨迹，力图实现细节透视和历史全貌展示的完美结合。

读者出版传媒股份有限公司以积累多年的文化和出版资源为基础，集省内外文化精英之力量，立足学术背景，采用叙述体的写作风格和讲故事的书写方式，力求使"丛书"做到历史真实、叙述生动、图文并茂，融学术性、故事性、趣味性、可读性为一体，真正成为一套书写"华夏文明之源"暨甘肃历史文化的精品人文读本。同时，为保证图书内容的准确性和严谨性，编委会邀请了甘肃省丝绸之路与华夏文明传承发展协同创新中心、兰州大学以及敦煌研究院等多家单位的专家和学者参与审稿，以确保图书的学术质量。

《华夏文明之源·历史文化丛书》编委会

2014 年 8 月

目
录
Contents

001　引子

001　周族始祖——弃
001　神异降生
007　农业生产的天才
011　关于后稷

014　不窋奔"戎狄之间"
014　关于不窋之"奔"
016　"戎狄之间"在哪里
022　活在民间的周老王
029　不窋的杰出贡献

037　承前启后的鞠陶
038　庆阳籍学人对鞠陶的论述
043　继往开来的鞠陶

059　"周道之兴自此始"——公刘
062　关于"豳"的几种说法

073　迁豳何为

078　一首具有史诗性质的英雄颂歌

089　《豳风·七月》所反映的农业生产状况

097　公刘的历史功绩

101　从太王迁岐到武王灭商

101　太王迁岐

109　开疆拓土的季历

112　文王德威赢天下

115　武王灭商,天下归周

117　古豳遗风

117　先周农耕文化对中华民族的深远影响

120　陇东民俗中的农本意识

149　燎疳驱邪与谷神崇拜

155　附篇

171　后记

引　子

在陇东,有一个名气很大的地方——庆城。说它名气大,是因为在历史上曾为州、府、县治所。而且不仅如此, 夏朝时周先祖从邰地逃出, 最终的落脚地也在这里。1914年改庆阳县, 中华人民共和国成立后仍然沿用。同时,庆阳又是地区的名称。2002年,庆阳地区撤地建市,为避免地名的重复,庆阳县始改为庆城县。

庆城县府所在地位于两河交汇之处, 地理上可谓占尽风水之利。东边是从华池县悦乐川流下来的柔远河,西边是从环县流下来,经过曲子、马岭一路南下的环江。环江和柔远河在这里交汇,冲刷出一块高地,县城就坐落在这块高地之上。站在高处眺望庆城县城,那地形颇似凤凰展翅,于是这个县城又有了一个美丽的名字——凤城。

关于凤城的来历,还有一种说法,来自一个古老的传说。

夏朝末年,国君荒淫无道,政务荒废,田园寥落。那是个小人得志的年代,正直的大臣不但不被重用,往往

｜ 不窋像

还有性命之虞。不窋是夏朝主管农业的官员,也没有什么事情干了,赋闲在邰地自己家里。有一天,夏王派兵包围了他的宅院。正在不窋万般无奈之际,一只凤凰从天外飞来,翩然落在他的面前,深情地朝他点了三下头。不窋明白,这是凤凰救他来了,于是就和妻儿匆匆地跨上凤背。看见不窋他们坐好了,凤凰搧了搧翅膀,翩然起飞。

只听耳边风声呼呼,凤凰搧动翅膀,一路向西北而去。但是,凤凰毕竟没有驮过这么沉重的分量,飞到一个地方,实在累得不行了,眼看着就要落到地面上了。这时,突然出现了一个白发长者,用手扶了扶凤凰的身子。说来也怪,凤凰就像得到神力一般,继续振翅向前飞行。中途,凤凰在一个地方绕了三圈,见不窋没说什么,又接着朝前飞去。

飞呀飞,终于飞到了现今庆城这个地方。不窋朝下面一看,只见两河相交,山清水秀,是个可以安身立命的地方,就说:"好啊,就是这个地方吧!"凤凰应命落在了两水相交的一片高阜之上。不窋一家正要感谢凤凰的救命之恩,一回头凤凰不见了,眼前出现了一座新城。人们说那是凤凰变的,于是就把这个地方叫做凤凰城,而把仙人扶凤给力的地方叫扶凤(风),把凤凰在上空旋绕三周的地方叫凤翔。后面这两个地名现在陕西境内,是两个县城的名字。

上面讲的虽然是一个民间传说,却是有一定的历史依据的。关于这段历史,司马迁在他的《史记·周本纪》中是这样记述的:"不窋末年,夏后氏政衰,去稷不务,不窋以失其官而奔戎狄之间。"

要讲清楚来龙去脉,还要从周人的第一代先祖弃说起。

周族始祖——弃

神异降生

从典籍记载中可以追寻到的周族最远的先祖，是尧帝时的农业官弃。弃是帝喾和元妃姜嫄的儿子。帝喾是黄帝的重孙，姬姓。姜嫄是炎帝后裔，姜姓。

同许多英雄人物都有一个神奇的出生一样，关于弃的出生，也有一个神异的传说。这在《史记》《国语》中都有重点记载。司马迁《史记·周本纪》明确记载："周后稷，名弃。其母有邰氏女，曰姜原。姜原为帝喾元妃。姜原出野，见巨人迹，心忻然说，欲践之，践之而身动如孕者。居期而生子，以为不详，弃之隘巷，马牛过者皆辟不践；徙置之林中，适会山林多人，迁之；而弃渠中冰上，飞鸟以其翼覆荐之。姜原以为神，遂收养长之。初欲弃之，因名曰弃。"

诗经《大雅·生民》，是一首周人叙述其始祖后稷事迹以祭祀之的长诗，是诗经中为数不多的几首具有史诗性质的作品之一。《生民》对弃的不寻常出生及神异功能，有更详尽的记载。全诗如下：

厥初生民，时维姜嫄。生民如何，克禋克祀，以弗无子。履帝武敏歆，攸介攸止。载震载夙，载生载育，时维后稷。

诞弥厥月，先生如达。不坼不副，无菑无害，以赫厥灵。上帝不宁，不康禋祀，居然生子。

诞寘之隘巷，牛羊腓字之。诞寘之平林，会伐平林。诞寘之寒冰，鸟覆翼之。鸟乃去矣，后稷呱矣。实覃实讦，厥声载路。

诞实匍匐，克岐克嶷，以就口食。蓺之荏菽，荏菽旆旆。禾役穟穟，麻麦幪幪，瓜瓞唪唪。

诞后稷之穑，有相之道。茀厥丰草，种之黄茂。实方实苞，实种实褎，实发实秀；实坚实好，实颖实栗，即有邰家室。

诞降嘉种，维秬维秠，维穈维芑。恒之秬秠，是获是亩。恒之穈芑，是任是负，以归肇祀。

诞我祀如何？或舂或揄，或簸或蹂。释之叟叟，烝之浮浮。载谋载惟，取萧祭脂。取羝以軷，载燔载烈。以兴嗣岁。

卬盛于豆，于豆于登，其香始升。上帝居歆，胡臭亶时。后稷肇祀，庶无罪悔，以迄于今。

周先祖的出生，其母体的受孕就是神异的力量所致。平安地出生了，迎接他的却是不寻常的生死考验——被丢弃到小巷里，牛羊来给他喂奶；被扔到山林里，却遇上樵夫将他救起；寒冬腊月，被抛到冰河之上，却有大鸟飞来，张开翅膀温暖他。大鸟飞去了，后稷这才哇哇啼哭，声音悠长而且洪亮，满路上都能听见他的哭声。哭声也传到了母亲的耳朵里，看到婴儿被反复抛弃又反复被神异的力量救护，姜嫄意识到这孩子来到世上是上天的意旨，于是把他捡了回来。因为曾经反复地被抛弃，所以就给他起名为"弃"。

这里，有两个问题是历代学者争议最多的话题。一是姜嫄"履帝武敏歆，攸介攸止"，因之而受孕；一是姜嫄"克禋克祀，以弗无子"，向上天祈求生子，为什么生了孩子却要把他反复抛弃？

关于第一个问题，对姜嫄"履帝武敏歆"的解释，可谓众说纷纭。履，践踏。武，足迹。敏，通拇，大拇指。歆，喜，心有所感的样子。按照毛传的说法，是古代帝王向高禖神祈子的一种祭祀仪式。高辛氏之帝（帝喾）领着姜嫄向生殖之神高禖祈子，姜嫄踏着高辛氏的足印，亦步亦趋，施行了一套传统的祈子仪式，意念里便感觉怀了身孕，后来果然得子。汉代郑玄也认为是向高禖神祈子的一种仪式，但对"履帝武敏歆"的解释不同于毛传，认为姜嫄是踩了天帝的足迹而怀孕的："帝，上帝也；敏，拇也。……祀郊禖之时，时则有大神之迹，姜嫄履之，足不能满履其拇指之处，心体歆歆然，其左右所止住，如有人道感己者也，于是遂有身。"这一解释大体是符合创作者的原意的，意谓君王的神圣裔传来自天帝，就如同说汉高祖刘邦是"赤帝子"一样。周人给自己始祖的出生蒙上了一层神圣的光环，也是在为以周代商寻找依据。但这样一解释，后稷的出生就成了一个神话。闻一多采纳了毛传关于高禖仪式的说法，并对之做了文化人类学的解释。他在《姜嫄履大人迹考》一文中说："上云禋祀，下云履迹，是履迹乃祭祀仪式之一部分，疑即一种象征的舞蹈。所谓'帝'实即代表上帝之神尸。神尸舞于前，姜嫄尾随其后，践神尸之迹而舞，其事可乐，故曰'履帝武敏歆'，犹言与尸伴舞而心甚悦喜也。'攸介攸止'，介，林义光读为愒，息也，至确。盖舞毕而相携止息于幽闲之处，因而有孕也。"闻一多在同一篇文章中又说："诗所纪既为祭时所奏之象征舞，则其间情节，去本事之真相已远，自不待言。以意逆之，当时实情，只是耕时与人野合而有身，后人讳言野合，则曰履人之迹，更欲神异其事，乃曰履迹耳。"①

根据当时中国社会的发展情况看，闻一多先生的考证是接近事实真相的。

什么是"尸"，这里需要解释一下。

古代，不论是国家，还是家庭，都是非常重视祭祀的，祭祀时不但要按照规定的规格敬献祭品，要有神圣庄严的仪式，而且还要由活人装扮成死者接受祭飨。尸，就是代表死者接受祭飨的人。《仪礼·士虞礼第十四》"祝迎尸"，郑玄注："尸，主也。孝子之祭，不见亲之形象，心无所系，立尸而主意焉。"可见，祭仪中的"尸"是作为孝子的祖先之替身而出现的。什么人可以扮"尸"的角色，有相应的规定。《公羊传·宣公八年》何休注："祭必有尸者，节神也。礼，天子以卿为尸，诸侯以大夫为尸，卿大夫以下以孙为尸。"后来，尸逐渐为神主、神像所取代。

一些学人根据《生民》一诗中姜嫄"履帝武敏"而感孕生弃的记载，推断出姜嫄所处的时代正是由母系氏族社会过渡到父系氏族社会的初期，部落内部一夫一妻制的婚姻制度尚未完全确立，孩子知其母不知其父的现象依然存在。

姜嫄既然祈求得子，为什么又把亲生儿子反复抛弃？学界也有多种说法，如难产说、易生说、避乱说、早产说、速孕说，以及晚生说、怪胎说、不哭说、假死说、阴谋说等。近世学者从民俗学角度，提出了一些不同于之前的一些说法，诸如轻男说、杀长说、宜弟说、触忌说、犯禁说，等等。到了当代，姬弃被弃的原因也有多种说法。有一种说法是姜嫄踩了大脚印而受孕生子，孩子来路不明是姜嫄心里的一块病，因此才坚持要将其抛弃。这一说法是以今天之俗推断上古之事，不足信。我比较赞成甘肃省博物馆祝中熹先生的观点。祝先生在《公刘与先周历史》一文中，首先引用李衡梅先生关于后稷生下来就被反复抛弃，是当时存在的"弃首子之风"的反映这一观点。李文认为，"在由对偶婚向一夫一妻过渡时，丈夫往往怀疑妻子所生的第一个儿子不是自己的血统，所以就有杀子、弃子之风"，"从后稷起亲属关系已按男系计算，即周人从这时起开始进入父系社会"。祝中熹认为，后稷的被抛弃只是一种象征性的形式而已。他深有见地地指出：杀弃首子之风习，即所谓"盥胸制"，在许多民族的历史上存在过，这是无疑问的。这种习俗是父权制确定的产物。那时，财产继承问题开始具有新的意义，男子们都想把财产转交给子女，即合法的继承人——由婚配的对偶而生的真正后裔。然而在以往的对偶婚配时代，女子的婚前贞操不存在法律以及道德的约束，为保证父系血缘的纯正，人们便对首子采用了虽然残忍却最简捷的处理方式——肉体消灭。但随着一夫一妻制家庭形态的巩固，这种野蛮的习俗必将发生变化。合乎情理的变化规律是：由杀死演变为抛弃，由真正的抛弃演变为象征性的抛弃。先周史上关于姜嫄弃子的传说，反映的正是一种象征性的首子抛弃现象，说明"盥胸制"已渐被文明历史所淘汰。所谓"弃"，不过是做做样子而已。这只能是父权制确立了相当长时间之后的现象。[②]

然而，姜嫄之弃首子，仅仅是在承袭历史遗留下来的某种习俗形式吗？《生民》一诗中所记载的姬弃被弃这一象征仪式背后，有没有更深刻的文化内涵呢？

　　回答是肯定的。宝剑锋从磨砺出，梅花香自苦寒来。在文学作品尤其是史诗、神话和民间传说中，英雄、圣人的出生或成长大都有一段苦难的磨炼经历，这已经成为一种必须完成的仪式，一种故事原型。比如大禹治水，从禹出生便赋予其某种神秘的力量。在神话传说中，禹的父亲鲧在灵龟和大鹏鸟的帮助下盗取了昆仑息壤，治理好了水患。可是被天帝发现，派天将夺走了息壤，洪水重又反扑过来，鲧不仅九年治水之功毁于一旦，还被尧帝诛杀于羽山。鲧死之后魂灵不散，用全部精力在肚子里孕育一个新的生命。这事又被天帝知道了，他派天将用刀刺破鲧的肚子，只见射出万道金光，从鲧的肚子里飞出一条虬龙，龙背骑着一个孩子，这就是禹。禹继承了父亲的遗志，继续治理水患，但他采用了和老爹不同的方法，经过河伯授图，变堵塞为疏导，三过家门而不入，十三年的奋战，终于治好了水患。大禹成功治水，是付出了两代人的生命的代价呀！同样，唐僧师徒西天取经，也要经历九九八十一难，虽然取回了真经，但还要在通天河经受最后一难的考验。西方文学也是这样，比如荷马史诗《奥德修记》。奥德修斯是特洛伊战争中的英雄，他在战争结束后返回故乡的途中，就经历了一系列的苦难。先是遭遇飓风，被吹到一个荒岛上吃了忘忧果而忘记返乡。接着又在巨人岛被独眼巨人捉住，奥德修斯设计刺瞎了巨人的眼睛，才得以逃出。后来，又遭遇魔女喀尔刻，战胜了用歌声迷惑人的人面兽身女妖塞壬。到达太阳岛时，因伙伴得罪众神，船被宙斯的雷电击沉。他从同伴皆葬身大海的噩运中死里逃生，漂流到女神卡吕普索的岛上，又被扣留了七年，直到宙斯派神使命卡吕普索放他回乡。途中又被风浪打翻竹筏，漂流到斯克里亚岛……奥德修斯在海上漂流期间，他家乡有一百多个贵族青年觊觎他的财产和王位，住在他家向他美丽的妻子求婚。奥德修斯假扮乞丐并确认妻子的忠贞后，和儿子一起杀死了求婚者和不忠的家奴，夫妻终于得以团圆。

弃是周族公认的第一代先祖，有了他，才肇始了周族的辉煌基业，为此他的后人必然要在他的身上罩上神圣的光环，这光环包括他不寻常的降生仪式和超过常人的智慧和能力。因此，他不同于常人由父母交合孕生，而是母亲踩了天帝的大脚印，心欣欣然而有了受孕的感觉；足月降生，迎接他的不是温暖的怀抱，而是一再地被抛弃，经受了正常婴儿没有经受过的苦难和生死考验。然而，天地万类都是他的朋友，牛羊为他哺乳，飞鸟为他御寒，天命所系，大难不死。"飞鸟去矣，后稷呱矣。实覃实讦，厥声载路"。鸟飞走了，卧在寒冰上的孩子因受冻终于发出了第一声啼哭，声音洪亮悠扬，满路响彻，昭示了周族远大的未来。

综上所述，姬弃被弃这一事象，不仅仅是中国社会进入父系氏族社会早期"弃首子之风"的一种象征性遗存，而且蕴含着"英雄幼时蒙难"这一世界性的传说故事母题。一连串的被弃和获救，实际上是一种仪式性的行为。"古代各民族中常有通过弃置而对初生婴儿体质做考验或磨炼的习俗，这种做法名为'暴露法'，弃子传说则是这种习俗遗迹的反映。弃子神话正是为了说明一个民族的建国始祖的神圣性而创造的，诞生是担负神圣使命的英雄（具有神性）最初所必经的通过仪式，他必须在生命开始时便接受这一考验"③。

农业生产的天才

弃由于某种神异力量的护佑而大难不死，使姜嫄幡然醒悟，这个孩子降生在自己家里是天帝使然。于是，她让人把孩子捡了回来，给他起名曰"弃"，养在自己身边。

弃刚刚学会爬着走的时候，就非常懂事非常聪明。肚子饿了从不哭闹，会自己去找东西吃，叫大人很省心。再大一些，就自己学着种庄稼。弃对农业生产有一种天生的喜爱，也有着特别的悟性。他种了大豆种禾粟，种了禾粟种麻麦，种了麻麦种瓜类。说来奇怪，他还是个小孩子家，种庄稼却特别在行。他种的大豆长势旺盛，谷粟垂着丰硕的穗子，麻和麦茂密可喜，大瓜小瓜结满了藤蔓。

弃在儿时就表现出了在农业生产方面的特殊才能，好像有神在传授似的。及至成人，更是耕田种地的一把好手。弃在农业生产方面很善于动脑筋，根据多年的耕作经验，逐渐掌握了不同种类庄稼的种植规律。他辨别不同的土质，因地制宜地种植作物，并及时地除去杂草。他懂得好种出好苗的道理，每次播种前都要对籽种进行精心的挑选。从下种、出苗到拔节、抽穗、结果，每个生产环节都精心管理，因此弃种的庄稼年年都是大丰收，使家族的生活有了保障。

弃操务的庄稼品种多样，诗中讲到的粮食作物就有荏、菽、麻、麦、瓜、秬、秠、穈、芑等，米分红米和白米。

到了收获的季节，弃带领族人及时收割、堆垛，连扛带背运回场院。

看着收获到家的粮食，弃的心情十分喜悦，他感到这是上天和祖先的恩赐。为了感谢天帝和祖先，他创立了祭祀的典礼。于是，有人舂谷，有人簸粮，有人淘米，有人蒸饭，还有人杀牛宰羊。大肥公羊剥了皮，香蒿牛脂燃芬芳，又烧又烤供神飨。

到祭祀的时候，木碗瓦盆都派上了用场，装满了各种祭品，香气升腾溢满厅堂。天神和先祖闻到了香气，就降到人间享受祭礼。这种祭飨礼，就是从后稷开始创立的。祭祀是为了来年更加丰穰，为了让天帝感念其德行业绩，不断保佑他，并将福泽延及到他的子子孙孙。由后稷首创的祭祀典仪，被后人一代代传承了下来。

以上是《生民》一诗的大体内容，主要是歌颂周族始祖后稷的创业之功。后稷的伟大贡献，主要是在发展农业生产方面。在他的苦心经营下，周族的农业生产水平有了很大的提高。其次是他首创了祭祀典仪，对社会文明有推动之功。但祭祀之礼是否为后稷首创，还是有疑问的。据《史记·五帝本纪》记载，黄帝时"万国和，而鬼神山川封禅与为多焉"。帝喾"取地之财而节用之，抚教万民而利诲之，历日月而迎送之，明鬼神而敬事之"。说明姬弃之前就有祭祀礼仪，"后稷肇祀"只是开创了周族自己的祭祀而已。

《生民》向我们传达了这样两个方面的信息：一是在姬弃时期粮食作物的品种已经相当齐全了，而且懂得因地制宜、选种除草，具有了科学种植的初步理念。在粮食加工方面，有了淘煮蒸烤的多种方法。这一切都在表明，当时的农业已同畜牧业分离而完成了第一次社会大分工的事实。第二个信息是为了答谢上天降下的福祉，后稷创设了周族祭飨礼仪。它一方面说明了周族对礼仪规范的重视，一方面说明在中国文化传统里，感恩思想的根基是非常久远的，而且是很牢固的。这一点很值得今天的人们去吸取，去发扬光大。

关于弃的功德业绩，司马迁的《史记·周本纪》中有如下记载："弃为儿时，屹如巨人之志。其游戏，好种树麻、菽，麻、菽美。及为成人，遂好耕农，相地之宜，宜谷者稼穑焉，民皆法则之。帝尧闻之，举弃为农师，天下得其利，有功。帝舜曰：'弃，黎民始饥，尔后稷播时百谷。'封弃于邰，号曰后稷，别姓姬氏。后稷之兴，在陶唐、虞、夏之际，皆有令德。"

弃在农业上的主要贡献，《汉书·食货志》里有记载："后稷始圳田，以二耜为耦（师古曰：并两耜而耦），广尺深尺曰圳，长终畝，一畝三圳，一夫三百圳，而播种于圳中。"

这段记载说明，姬弃对我国农业有三大贡献：

第一，对田间耕作方法的改革。其耕作方法是"圳田"，"圳田"就是在农田里起垄开沟。畮，即亩字。方法是以亩为单位，一亩地开有纵横三条土垄渠。开沟，有两个作用，一个是引水灌溉，一个是排去田地里过多的水，造成旱涝保收的稳产高产农田。这不但是我国农业发展史上革命性的贡献，也是我国水利史上开创性的贡献，由此开始了我国水利工程的先河。姬弃的发明，开拓了人类征服大自然的视野，至今我们还广泛应用于农田基本建设中。

第二，对农具的改革。农具改革，是把两个"耜"合成为"耦"，提高了劳动效率。"耜"是一种骨制或石制的带把铲，在我国南北文化遗址中都有出土，由一个人使用。两个"耜"合并起来组成"耦"，已经不是一个人所能操作的了，它必须有两人操作才能使用或者使用畜力。所以《山海经》记载，后稷之孙叔均发明了牛耕。

第三，实行农业生产责任制。农业生产责任制是实行"一夫三百圳"，即一个农夫负责耕种一百亩土地，改变了大集体劳动的模式，实行个人分工负责制。自私、为己是动物的本性，原始社会的人为了生存需要，不得不进行集体劳动以获得食物。历史发展到姬弃时，这种大集体劳动已使社会成员产生了惰性，部分成员投机取巧，造成劳动效率低下。姬弃大胆实行田间耕作个人负责，极大地调动了人们的积极性，让所有成员都能释放自己的能量，从而提高了劳动效率。④

弃因为其在农业生产方面做出的重大贡献，以及在民众中的巨大影响，被帝尧任命为农师。在他的亲自指导下，农业经济得到了发展，天下百姓获得了利益，弃因此立下了功德。尧之后，舜帝继位，弃继续担任主管农业的职官，称为后稷。《大戴礼记·五德记》中有这样一段孔子和宰我的对话："宰我问：'请问帝舜。'孔子曰：'使后稷播种，务勤嘉谷，以作民饮食。'"后稷播种百谷，用粮食作为人们的饮食，使黎民不再忍饥挨饿。后稷因为主管农业有功，得到舜帝的赞赏，将邰这个地方（今武功一带）赐给他，作为他的封地。后稷的事业发达，在尧、舜和夏几个朝代，周人为华夏农业文明做出了不朽的贡献。

从弃降生到不窋失官，这是先周历史的第一个阶段。

关于"后稷"

后稷，是弃的名号，还是主管农业的官职的名称，也是一个有争议的话题。

司马迁在《史记·周本记》中说："后稷卒，子不窋立。"《帝王世纪》云："后稷纳姞氏，生不窋。"这里的"后稷"指的似乎就是弃一个人。不窋是弃的儿子，接替弃做了夏的农业官。庆阳当地学者刘文戈先生对此做了仔细考证，推算出黄帝活了110岁，颛顼活了98岁，帝喾活了105岁，帝尧活了118岁，帝舜活了100岁，帝禹活了100岁。弃生活的时间跨了四代，估计在百岁左右。为什么那时的人都能活那么长的年份呢？刘先生认为有两种可能：一是那时候人们都参加体力劳动，心情也比较平和，时常吃一些中草药，活得确实长一些；二是多少天为一岁有些说不清楚，估计要比现在的时间短些。"后稷卒，子不窋立"。也就是说：后稷弃去世后，他的儿子不窋接替了其父的职务，继承了其父的遗志，以发展全国农业生产为己任，担负起了管理全国农业的重任。不窋担当管理全国农业生产的重担，接任后稷职务，是在大禹时代的中后期。不过不窋虽然担任了后稷职务，但不以"后稷"相称，因为后稷的职务名称已由帝舜赐给了他的父亲弃，为其父弃的专名，所以不窋的官衔，只能以农官相称。

刘文认为，不窋失官奔走戎狄之间，是在太康年间。[⑤]

可是，问题又出来了。从不窋到文王，先周谱系大体是清楚的。班固给出的谱系是：弃之后为不窋、鞠、公刘、庆节、皇仆、差费、毁隃、公非、辟方、高圉、亚圉、公叔祖类、古公亶父、季历、文王昌。司马迁《史记·周本纪》中的谱系是：弃、不窋、鞠、公刘、庆节、皇仆、差弗、毁隃、高圉、亚圉、公叔祖类、古公亶父、季历（公季）、文王昌。从不窋到文王昌，大约就是500多年的样子。根据国家三代断代工程得出的结论，夏朝建国于公元前2070年，周建国于公元前1046年。从夏建国到周武王灭商建周，之间时长为1024年。而弃为帝喾之子，帝喾之后还有尧舜两个朝代。据《五帝本纪》推断，尧舜二帝在位时间当在百年以上。因此，从弃到文王昌，先周有记载的历史大概在1100年以上。那么，从弃到不窋之间，有五六百年的断代阙失。对于这一点前人早有疑问。《史记·周本纪》"子不窋立"句按："《索隐》：帝王世纪云'后稷纳姞氏，生不窋'；而谯周按《国语》云'世后稷，以服事虞、夏'。言世稷官，是失其代数也。若以不窋亲弃之子，至文王千余岁唯十四代，实亦不合事情……"《毛诗注疏》云："虞及夏、殷共有千二百岁，每世在位皆八十年，乃可充其数耳。命之短长，古之一也，而使十五世君在位皆八十许载，子必将老始生，不近人情之甚。以理而推，实难据信也。"清代学者戴震也曾著文《周之先世不窋以上阙代系考》，指出"不窋以上，代系中隔也"。

于俊德、于祖培叔侄合著的《先秦历史文化新探》一书，辟专节探讨了弃与不窋的关系及先周谱系，他们通过对众多典籍记载的反复比较分析，得出了如下结论：①不窋奔戎狄的时间是在夏末帝孔甲时期，而不是在夏初的太康失国时期。②《周本纪》给出的先周谱系存在严重的缺失。从夏立国到武王灭商的1024年间，商族传31代，周族仅传15代，加上武王发也仅16代，与商族比整整差15代人，这是明显不符合人口发展规律的。⑥司马迁在《刘敬叔孙通列传》中记载刘敬的话说："周之先自后稷，尧封之邰，积德累善十有余世。公刘避桀居豳……"而不窋与公刘的爷孙关系是肯定的。刘敬说自弃至公刘十有余世，显然否定了弃与不窋的父子关系，从而也就否定了《周本纪》中的先周谱系。司马迁在这个问题上的态度是存疑的。

从弃到不窋之间，存在代的缺失是可以肯定的，缺失大概有十几代人。

那么，不窋就不应该是弃的儿子了。而"后稷卒，子不窋立"中的"后稷"，也不应该是弃一个人的专号了。据此推理，应该是这样的：弃被尧帝举为农官，后又赐号后稷，后稷后来就成了管理国家农业的最高一级的官职之名。这个官职由弃首任，而后由周族后代世代沿袭，从尧舜朝继任到夏朝。直到"夏后氏政衰，去稷不务，不窋以失其官而奔戎狄之间"，周族才失去了朝廷中的"后稷"这个官位。谯周按《国语》"世后稷，以服事虞、夏"句云"后，君也，稷，官也。父子相继曰世"，是确当的。但他仍把不窋理解为弃的儿子，则是值得商榷的。

注释：

①闻一多《神话与诗》，上海人民出版社，2006年。

②祝仲熹《公刘与先周历史》，《青海社会科学》1992年第2期。《庆阳先周历史与农耕文化论丛》，中国文史出版社，2009年。

③朱渊清《生民》鉴赏文，见《先秦诗鉴赏辞典》，上海辞书出版社，1998年。

④于祖培《宁县文史研究》，2009年12月内部出版。

⑤刘文戈《姬周旧邦》，甘肃文化出版社，2005年。

⑥于俊德、于祖培《先周历史文化新探》，甘肃人民出版社，2005年。

不窋奔"戎狄之间"

　　本书在开篇的民间传说中出现了一个人物，就是不窋。这一章我们就要说一说不窋。不窋在先周史上具有极为重要的地位，他对周族的生存和发展起过至关重要的作用。

　　《史记·周本纪》载："不窋末年，夏后氏政衰，去稷不务，不窋以失其官而奔戎狄之间。"《国语·周语·祭公谏穆王征犬戎》一文中，对不窋"奔戎狄"后的功绩有更明确的记载："昔我先王世后稷，以服事虞、夏，及夏之衰也，弃稷不务，我先王不窋用失其官，而自窜于戎狄之间，不敢怠业，时序其德，纂修其绪，修其训典，朝夕恪勤，守以敦笃，奉以忠信，奕世载德，不忝前人。"

　　正是不窋在"戎狄之间"殚精竭虑，辛苦经营，创造了"不忝前人"的业绩，为周族的生存发展开辟了一块新的根据地，才使得鞠至古公亶父十几代人有了自己的家园，使周王朝存世八百年有了最早的根基。

　　那么，不窋为什么要出走？戎狄之间又在哪里？

关于不窋之"奔"

　　首先是不窋失官的时间。在上一章里我们引述于俊德、于祖培先生

| 不窋奔戎狄之间（剪纸）

的《先周历史文化新探》一书的结论，指出"夏后氏政衰，去稷不务，不窋以失其官而奔戎狄之间"，当在帝孔甲时代，而不是一些人认为的太康时代。其实，治先周史的李仲立教授在他发表于1988年的《论不窋》一文中，就提出了相同的看法。他认为，无论从哪个角度讲，太康之时，弃稷不务，不窋去夏是不可能的。并指出司马迁《周本纪》中所说的"夏后氏政衰"是专有所指的，指的就是"好方鬼神，事淫乱"，因"德衰"而"诸侯畔之"的帝孔甲。不窋是一位有远见卓识的领导人，他见孔甲昏庸无能，荒淫无耻，只知迷信，不问政事，导致夏王朝处于政治腐败、国力衰弱、经济匮乏、人心不稳的态势之中，便主动放弃所担任的稷官，从夏王朝政府中潜逃出去，率领周部族离开夏的统治中心地，到夏统治的边远地区另辟蹊径，隐名埋姓，走自己的路，使周部族发展壮大起来。[①]

关于不窋失官去"戎狄之间"的时间，除了太康说和孔甲说之外，还有商王朝初期说。但从先周谱系和夏朝历史来考证，不窋失官而奔戎狄之间的时间，以帝孔甲时代更可信一些。

至于不窋因何失官而奔戎狄之间，除了"夏后氏政衰，去稷不务"和不窋不满夏朝统治者的腐败昏庸而另寻他路，以及因"太康失国"而逃亡几说之外，还有军事挑战说。

在军事挑战说中，于俊德、于祖培的观点是有代表性的，他们在所著的《先周历史文化新探》一书中认为，不窋当初亡命的真正原因，是他向夏政权发起了军事挑战，导致夏王朝的军事镇压，最终惨败，这才不得不率族逃往戎狄之间。他们不是不想留在始祖封地关中，而是夏族的军事镇压使其在关中站不住脚，不得不逃。

但不论哪种原因而奔戎狄之间，都是为了周族的生存和发展。俗话说，树挪死，人挪活。在当时的情势下，不窋的选择是正确的，不愧为周族杰出的一代领导人。

"戎狄之间"在哪里

明代"前七子"领袖，曾任江西按察司副使的李梦阳，系甘肃庆阳人。李梦阳是中国文学史上少有的一位处在时代文坛领袖地位的陇籍著名作家。李梦阳的文学创作以诗见长，有诗赋1807首（篇），其中有8首诗写他的家乡庆阳。他在《感述·秋怀》一诗中写道：

> 庆阳亦是先王地，
> 城对东山不窜坟。
> 白豹寨头唯皎月，
> 野狐川北尽黄云。
> 天清障塞收禾黍，
> 日落溪山散马群。
> 回首可怜鼙鼓急，
> 几时重起郭将军。

从诗歌所描写的景象来看，是诗人遥想登临庆阳城头远望所见。颔联上一笔写到白豹寨，下一笔写到野狐川。白豹寨、野狐川是庆阳的两个代表性地名。皎月、黄云，极尽荒凉之意，反映了战乱中故乡的凄清冷落。颈联抒写家乡的秋收时节，天清气爽，长城一线，田野里农人正在收割成熟的庄稼。落日的余晖里，山坡上散布着吃草的马群。在这宁静、空旷的秋色里，诗人的心境却并不宁静。惊回首，耳边响起了战争的鼙鼓声声。听鼙鼓声声，思将帅之臣，希望能有像唐代中兴名将郭子仪那样的人才出现，来挽救战乱中的大明江山。这里，表达了作者对朝廷不能重用人才的不满，抒发了诗人忧国忧民的思想情感，流露了自己渴望为国出力的政治抱负。

开头两句，"庆阳亦是先王地，城对东山不窋坟"，交代了一段历史事实：庆阳是周族的发祥之地，当年不窋率族人"奔戎狄之间"，这"戎狄之间"就在庆阳，城东的山上有不窋的陵墓。

庆阳的戎狄民族接纳了不窋和他的族人，不窋及其子民也为尚处在落后生产方式中的戎狄族带来了农耕文明的曙光。后来，随着周人夺得天下，建立大周王朝，庆阳就成了先王之地，成了历代君王朝拜的圣土。明代建造的木制"周旧邦"牌坊，经过几百年的风雨沧桑，依然挺立在庆城县南街。城北，有周天子前来祭祖的"周祎行宫"，庆阳人至今还习惯地称老城区为"皇城"。

| 李梦阳碑亭

历代典籍中，也有不少关于周先祖在庆阳或陇东的记载。据《括地志》记载："宁、原、庆三州，秦北地郡，为义渠戎之地，周先祖公刘、不窋居此，古西戎地。""不窋城在庆州弘化县南三里，即不窋在戎狄所居之城也。"杜佑《通典》卷173《州郡三·庆州》中说："安化，汉郁郅县地，今名尉李城，在白马两川交口，亦曰不窋城。"弘化、安化、郁郅、尉李城，均是今庆城在不同历史年代的别称，县治与州治同地。

《元和郡县志》《寰宇纪·关西道庆州》《古今图书集成·职方典·庆阳府部汇考》等书，都有同样的记载。

嘉靖《庆阳府志》记载："不窋城，即府治，夏政衰，不窋失官，自窜于斯，所居成聚，故建城而居焉。"该志记载了东山上的不窋墓当时的情况："不窋墓在府城东三里许巉畔，碑刻剥落，上有片石，大书：周祖不窋氏陵。殿宇基址犹存，嘉靖十九年御史周南、知府何岩立碑表墓。"《大明一统志》载，不窋墓"碑文剥落，上有片石，大书：周祖不窋氏墓"。清代乾隆年间修编的《甘肃通志》有这样的记述：在庆阳县东十里，地多花木，称为花坡，相传为"不窋遗园"。清赵本植编《庆阳府志》卷三："庆阳乃禹贡雍州之地，周之先后稷子不窋所居，号北豳……"卷三十一又载："不窋，后稷之后，值夏德衰乱，窜居北豳，即今之庆阳也。子鞠陶、孙公刘，俱历世为兹人。"

历代文人诗歌中，也有不少关于周先祖在庆阳的诗句。如明代庆阳府通判吴士英的"帝业开基八百秋，遗陵荒草晚烟稠"（《周祖遗陵》）；清安化知县苏履吉的"莫道旧邦今已改，城东不窋有遗碑"（《庆阳怀古》）……

1992年暑期，我带领几个大学生组成的社会实践小分队，考察了合水、华池、环县、庆阳、宁县5县12乡镇的30多处历史文化遗迹。在庆阳县城，我们参观了博物馆的文物后，挽起裤腿，蹚过浑浊的城东河，在荒草丛中寻找着攀登东山的小路。终于在一块荒弃的农田里，找到了我盼望见到的周祖陵——呈现在眼前的只是一个长方体的土墩，有孔眼。比起一般的坟头，更多了一些风雨雕饰的沧桑。"彼黍离离，彼稷之实。行迈靡靡，中心如噎"。站在静然无语的周祖陵前，望着远方夕阳下缓缓南去的柔远河，一种苍凉之感涌上心头……

后来，看到庆阳市博物馆原馆长王春先生的文章，方知我当时看到的周祖陵底长30米，宽20米，通高8米。墓塚在解放战争时当碉堡使用过，周边挖有战壕。这使我对周祖塚上有孔眼的疑问，得以释然。从同一篇文章中得知，1995年3月复修周祖陵，平整地基时，在距今八卦亭约5米处，出土了大量的墓地文物遗存，其中发现了两块红砂石周祖庙残片碑记，一块上残存楷书小字数个，其中有"周祖庙"3字；另一块残留隶书"充龙图……安抚"5字，大概是宋碑。据此证明，不窋墓地原有周祖庙等建筑，加上旧志所记明嘉靖初年在庆城南街兴建的周祖庙，当时庆阳可能有两处祭祀周祖的庙宇。关于庆城南街周祖庙，张精义《庆阳县志》记："周祖庙，在县治南，祀后稷子不窋。明嘉靖初，知府萧海修，春秋致祭，有塑像，两壁画文王以下三十七像。清顺治四年，分守河西道沈加显重修。五年，知府李日芳建坊，题'肇周圣祖'及'帝系王风'。"

近年在重修周祖陵森林公园的施工中，发现在陵园周围约7150平方米的地表或一米多深的地层中，暴露或堆积着大量的卵石、石片和商周、秦汉、唐宋元明清各时代的陶片、砖瓦和铁杵夯筑痕迹，尤以1995年在今八卦亭附近出土的文物遗存较为丰富，代表性文物和标本约有200多件。出土的商周文物遗存，有大型绳纹红陶鬶残片1件，双耳夹砂绳纹灰陶鬲残片3件，双耳绳纹灰陶罐、瓮残片10件，灰陶甗残片1件。

其中，灰陶鬲腹部有四个对称的小突饼，高裆，侈口，瘪足。鬲为古代煮饭用的炊器。由此证明，商代至西周初期，在不窋墓地已住有专管墓地或祭祀的人员。八卦亭商周文物遗存的发现，不仅证明了周祖陵存在的真实性，而且将庆阳周祖祭祀的历史向前延伸了近三千年。②

周祖陵 |

上面引述的大量史料以及文物考古的新发现，都在证明这样一个史实：夏朝末年，不窋失官后逃往的"戎狄之间"，就在今天的庆城一带。

对于不窋失官"自窜"或"奔"于何地，学界也有不同的说法。叶文宪在《先周史溯源》中认为，周人在不窋率领下北迁避居于晋中、陕北一带黄河两岸地区，生活在鬼方、土方等戎狄之间。钱穆在《周族地理考》中认为迁往山西南部。杨升南在《周族的起源及其播迁》中认为奔"邰"（今陕西武功一带）。

蹚河去周祖陵 |

但综合分析来看，

还是"奔"泾水上游流域的庆城一带比较合乎情理。其理由：①不窋率部族逃走的原因是"夏后氏政衰，去稷不务，不窋以失其官"，出逃是一种不得已而采取的行动。因此，他不可能向距离夏统治中心近的地方逃，只能远离夏的统治中心，向北逃往比较偏远的庆城一带，当时为戎狄等少数民族生活的地区，是合乎一般规律的。②逃向哪里不只是个逃命的问题，落脚的地方还应该是一个有利于生存和发展的地方，这是一个具有雄才大略的政治家不能不考虑的。而庆城一带属黄土高原沟壑区，北临环县、华池山区，南接宽阔的董志塬。马岭水和白马水在此交汇，河谷为川地，其上为台地，台地之上是山坡，山上为塬，地理条件宜农宜牧。占据庆城，不仅远离了夏后氏的统治，而且进可取关中，退可守大漠，主动性强，灵活度高，活动空间也大，具有重要的战略意义。选择这个地方再图发展，是比较理想的。

活在民间的周老王

不窋率领族人到达庆城之后，一方面"时序其德，纂修其绪，修其训典，朝夕恪勤，守以敦笃，奉以忠信"，处理好和原住民戎狄族的关系；一方面积极适应当地的气候和地理环境，努力发展农牧业生产。

时间已经过去了三千多年，历史的面目日渐模糊，但不窋及其族人当年在陇东的生产生活情状，仍然流传在当地民间，活在当地百姓的口承记忆以及历史的残留信息之中。从当地的民间传说中，不难发现当年周人到庆阳后生存状态的蛛丝马迹。

当地流传着周先王在庆阳的系列传说。这些传说中，以周老王的传说为多，如和盛镇公曹村老王降生的传说、南义乡老王打义井的传说、庆城县崄山（龙）湾的传说、盘克乡"杀天子"的传说、麻线杜家村老公为儿子公刘寻找坐化地的传说、刘家坪老王陵的传说等，还有老王耕田、老王放羊、老王智降白龙马、老王得子等传说故事。

周老王，按理说应该是指周人到庆阳开创周族基业的最早的先祖，但从传说的内容推断，又不专指不窋一个人。比如周老王降生的故事，传说中周老王的父母逃难时，后面追兵一路赶杀，他们急匆匆逃到宁县和盛镇的公曹村时，怀着娃娃的老王妈肚子疼得实在走不动了，就藏进一个破窑洞里。刚一坐下来，老王就降生了。窑洞壁上留下了老王妈妈的血手印。她下沟去洗手，把潭水都染红了。追兵走后，老王妈妈拽着醉枣刺蓬往上爬，把枣刺都捋弯了。所以，别处的枣刺向上弯，而公曹村的枣刺朝下弯。显然，这里的周老王指的是不窋的儿子，即鞠陶。

司马迁《史记》载："不窋卒，子鞠立。鞠卒，子公刘立。"不窋、鞠、公刘，是周族迁居庆阳后最早的三代先祖。史料中关于公刘和不窋的记载还有一些，特别是公刘，《诗经》中专门有一首诗颂扬他的业绩，《史记》也说"周道之兴自此始"。可是，关于鞠陶的记载就非常少，所以周人到庆阳创业初期的业绩，根本分不清哪些是不窋做的，哪些是鞠陶干的。在民间，周老王的代际关系是比较含糊的，既是不窋，又是鞠陶，甚至还指的是公刘。总之，不窋、鞠陶、公刘是周人到庆阳创业的三位先祖，也是为"周道之兴"做出突出贡献的三王。俗话说，万事开头难，更何况是开创王者基业呢！

对于这些建立了伟大功业的英雄，人们崇拜他们，颂扬他们。为了铭记他们的功德，便编成故事在民间流传。在传播的过程中，少不了加进一些想象和神话的色彩。

下面是几则流传范围较广的周老王的传说。

崭山湾

相传周人刚到庆阳的时候，庆城县的地形并不是现在这个样子。那时候庆城东面的迎凤山向西南延伸出一条山梁，将马岭水（今环江）和白马水（今柔远河）二水相汇而成的马莲河拦住不直接南流，而是西折流向教子川口，再折而向南，形成一个270度的大转弯后，才终于向南流去。平时的季节，河水不大，庆城三面环水，还是一道风景呢！可一到夏季，遇上下暴雨，陡涨的河水流不及，便会倒灌进城区，造成水患。有一年连续下了几十天暴雨，猛涨的河水在县城三面形成汪洋一片，眼看小城就要被淹没了。周老王十分着急，就调集城区周边各地的民夫前来挖山。大家齐心协力，只一天工夫便挖开了一个不小的豁口。照这样的进度，几天就可以让河水直接流过去了。可第二天一早，人们来到昨天挖开的地方，简直傻眼了！你猜怎么着？昨天挖开的豁口又原封不动地合上了，连山上的草丛都是原来的模样。这时河水还在一个劲儿地猛涨，已经快要淹到城区中心了。怎么办？继续挖呗！这天，又挖开了一个更大的豁口。天黑了，人们回去休息。第三天豁口又长上了，人们就又再挖。一连几天都是这样。

这一天，一个老汉累得歪在一块大石头后面睡着了，醒来已是满天星斗，只听见石头下面有人说话。一个说："老哥呀，我这几天日子难熬啊。人们白天挖，我夜里长。只怕要累断筋骨俯首听斩了！"另一个显得苍老的声音说："好龙弟，坚持住。只要他们在日出前拿不来文笔峰上的马莲草，就拿咱们没办法。"等没有声音了，老汉悄悄爬起来，就往文笔峰跑。一路跌跌撞撞，在太阳快要冒出东山头的时候，终于攀上了文笔峰。果然那儿长着一棵肥硕的马莲草，便小心地连根拔了下来。老人怀揣着马莲草，赶回南山的时候，人们正望着重新封合的山头发愁呢。有人坚持继续挖下去；有人说干脆算了，白天挖，夜里长，挖到猴年马月是个头呢！老汉掏出怀里的马莲草，说："让我试试吧！"他让大伙闪到一边去，用马莲草向山头一划，轰的一声巨响，南山头顿时裂成了两半，并且流出了鲜红的血水，把断崖都染红了。积聚多日的河水有了出路，哗啦啦地流了过去。

所以，至今崭山湾的石崖还是红的，人们说那是孽龙的血染的。河心有一块红色的大石头，人们说那是龙心。为了纪念那位采来马莲草斩出山口的老人家，人们把环江和柔远河汇合后的河流称为马莲河。至于斩山湾为什么叫成了崭山湾，老人们说，起地名总是要图个吉利嘛，斩字杀气太重，于是就把"斩"换成了"崭"字。

对于周老王斩断南山这件事，有人说好，也有人说坏。庆阳就有"周老王坐庆阳龙脉斩断"的传说。还有一首批评老王斩龙脉的诗是这样写的："土龙无首天地愁，千山哭泣九破头，山河破碎非祥兆，从此黄壤难属周。"联系戏文中"周老王坐庆阳龙脉斩断"的下句"闪上了十七国要夺江山"来看，这里的周老王实际上是指东周最末一位天子周赧王。周赧王时礼崩乐坏，诸侯纷争，周王朝气数将尽。这个传说中的"老"显然是"赧"之误，传说中把周老王开山疏通水道的事，硬安到周赧王的身上了。

（参见许维等《崭山湾》）

周老王打义井

在宁县城北30里的南义塬上，流传着这样一个故事。当年南义人吃水非常困难，因为塬在高处，吃水就要到塬东西两面的沟里去挑。挑一担水要费很长时间，并且爬坡下沟十分吃力。有时候挑到半路上脚下有个闪失，水就全倒了，还得回头重新到沟里去挑。而且沟里的水泉里常常会飘进一些树叶、渣滓、粪沫什么的，很不卫生。周老王巡视他的领地，有一次就住在南义塬上，亲眼看到了人们到沟里挑水的艰难，于心不忍，于是就在南义塬上打了一口水井，从此解决了南义人的吃水难问题。人们为表达对周老王的感谢之意，就把该井称为"义津"、"义井"。南义地处周老王坐镇的庆城之南，故全称为"南义津"。直到前些年才改称为南义乡，但老百姓们仍然习惯叫它南义津。

（参见于俊德、于祖培《先周历史文化新探》）

周老王耕田

话说，每年惊蛰后的第一天是周老王亲自耕田的日子。届时，朝里的大小官员和附近的老百姓，都跑到西姬峪看老王耕田。农谚说："九九加一九，耕牛遍地走。"这年的惊蛰恰在二月二"龙抬头"的日子。周老王遇上这么个好日子，便满心欢喜地拉了一头大犍牛耕田。这头大犍牛平时别人耕地，很听使唤，谁知这天周老王耕地，它连跳带蹦地不愿拉套，气得周老王用鞭子抽、用棍子打，越打越不行，惹得看热闹的官员和老百姓哈哈大笑。喂养这头大犍牛的主人走过来，摸了摸大犍牛的头，说了声"听话"。他接过老王手中的犁把，喊了声"牛"，这头牛便乖乖地拉着犁向前走去，一点也不调皮捣蛋了。周老王问牛主人："这是什么原因？"牛主人说："这牛认主人。你身穿黄马褂，头戴王冠，一年只下地试耕一次，牛怎会认你这个主人？牛看见你害怕，你越打，它越怕。"周老王听后恍然大悟，原来自己高高在上，连耕牛也不认他这个主人的主人了。从此，周老王经常和老百姓一起下地劳动，喂牛喂马，耕耘播种，受到了老百姓的尊敬和爱戴。

（参见王光普等《岐伯、周先祖在庆阳的传说故事》）

周老王智降白龙马

有一天，周老王在白马川山坡上放羊，打了个盹，梦见天赐白马给他。迷迷糊糊中，忽然听见附近林子里传出一声怪叫。醒来后，见一个老头儿从林子里跑来哭诉他儿子被妖马伤害了。那怪叫声就是妖马的叫声。周老王问："马是什么颜色？""白色。"老王联想起梦中的情形，顿时精神焕发，高声喊道："天赐良马给我也！"他安慰了老人家几句，说："让我去降这烈马，为你儿子报仇！"为了降伏烈马，周老王做了充分的准备。他先在烈马常出没的地方挖下绊马坑，拴上绊马绳。为了不伤害别人，他用蒿草捆绑了许多草人、草牛、草羊插在烈马经常行进的山路两边。他自己藏在林中，双手紧紧抓住套索的另一头。当烈马走出林子去河边喝水时，它看见两边的人群和牛羊，立即像飞一样地四蹄腾空，高速度扑向河边。不料前蹄落地时一下子掉进绊马坑里，一条绳索紧紧套住了它的脖子。绳索的另一头握在周老王手里，烈马左冲右撞，怎么也出不了绊马坑，最后只得乖乖地卧在坑里。周老王见制服了烈马，便用绳索给马挽了个笼头，拴上缰绳套在马头上，然后一跃跳上马背。只见白马跃身而起，向广阔的山川奔去。周老王本就是一位勇敢的骑士，任凭白马如何奔跑，也甩不掉他。经过一个多时辰，白马已跑出一百多里，累得直喘气，最后自己慢慢停下来。这时，周老王才从马背上跳下来，拉着马往回走。烈马被他制服了，众人一片欢呼。此后，这匹白马一直是周老王走路、行军打仗的得力帮手。传说，白龙马曾在马蹬砭救主，在刘八沟用蹄子刨出圣水泉，群众称为马蹄泉。由此又产生了白马川、白马河、白马涧、白马庙等胜迹。

（参见王光普等《岐伯、周先祖在庆阳的传说故事》）

《周老王智降白龙马》的故事中提到了马蹄泉、白马河、白马庙等传递着历史文化信息的地名。这类地名在庆阳还有很多，与周先祖有关的地名仅庆城就有20处左右。对于这些地名，庆城当地人说起来如数家珍。当地学人刘文戈先生是研究庆城文化的专家，他认为凤城虽小，但古老而又神奇。当年周祖不窋率领族人来到这里，构筑城池，教民稼穑，积极地传播勤奋、敦笃、忠信等美德，教化民风。现在，凤城流行的许多风俗就是从那时候承传下来的。人们的衣食住行、诞寿婚丧、歌舞杂艺，无不含有风俗的踪影；而且，在许多风俗的后面，或有一个历史的出处，或有一个美丽动人的传说。刘先生对庆城与不窋等周先祖有直接关联的地名和文化遗迹进行了系统的考察，在他的《姬周旧邦》一书中做了比较全面的介绍。对庆阳先周古迹遗存的介绍，还见于路笛先生的《肇周圣祖》，以及地方志书中。

鹅池洞　位于庆城县城东南角，共有两个洞。一个是上洞；另一个穿城墙而下，到达城墙外面半城腰，那里有一个平台，原有楼台亭阁和古柏数株，平台中央有一个坑洞，这就是下洞。洞内有一水池，水甘而冽。据当地人讲，此洞直通柔远河。鹅池洞，传说为不窋养鹅之处，为庆阳八景之一，名"鹅池春水"。因为鹅池洞就在县城里面，而且声名远播，庆阳的朋友也会自豪地向你夸赞鹅池洞，所以人们到了庆城一般都会去鹅池洞观赏一番。我也不只一次地去过鹅池洞，品尝过鹅池的水，的确甘甜清凉。

昔姬沟　在县城南5里，沟长10余里。昔者，古时也；姬者，周之姓也。相传这里住满了随不窋由邰迁居庆阳的周族人，因之得名。昔姬沟西面的山上有"花村"，相传为周祖不窋种花的地方，又名"周祖花园"。在庆城，还有姬家塬、姬家山等地名。至今，庆城姬姓尚有1500多人。

天子堎　在庆城县城东北70里。地近东岭，两侧为深沟，中央平坦，宜林宜牧。相传为周老王行游处，故名。也叫"天池堎"。

天子穴　在庆城县城西60里。人道是鞠陶葬地。

公刘庄　在庆城县城东北50里的樊家老庄东。有良田数亩，名天子掌，无人敢耕种。相传为周祖发祥地。

延庆城　在庆城县城北35里，相传为不窋出生地，又说为公刘出生之处。东留眷马山，西遗手拍墙。有天子掌、娃儿岘、砚台冢、圣水塘、白马洞、擂鼓坪等先周文化遗迹。

周禘行宫　在庆城县北关。周都陕时，岁祭遣使礼不窋陵，驻于此。今称北关为皇城。后在遗址建兴教寺。兴教寺铜像衣襟铸有"周禘行宫遗址"字样。"禘"为古祭礼名，是帝王后代对先祖的祭祀，一般为五年一祭。还有一说，"禘"为四时祭之一，每年夏季举行。

与周祖不窋有直接关联的地名或遗迹，还有花城、圣水塘、玄马湾、马蹬砭、周祖坟、周祖庙等。此外，与周祖相联系的地名，还有西峰温家乡的老公殿（公刘庙），宁县庙咀坪的公刘邑；宁县范家村、长官村、白店村的三处公刘庙，和盛镇南家村的后稷庙、宁县麻线杜家的公刘庙和老公老母庙；镇原县西北60里处，传为后稷教民学稼的后稷台；华池有天子堵。距离稍远的，还有同属陇东的崇信县的芮鞫和公刘庙等。

上述民间传说和历史文化遗迹，或曲折或直接地反映了周族早期在庆阳一带生存的史实，同时又是后人对前贤创业之功的深情缅怀。这些散发着浓郁先周文化气息的民间传说和古老地名及历史遗迹，被一代代地传颂和沿袭至今，是一种文化传承的体现。

不窋的杰出贡献

帝开基业八百秋，

遗陵荒草晚烟稠。

> 莫言征伐成王室，
>
> 自是耕耘起禹畴。
>
> 泽被齗宁春雨熟，
>
> 神归环庆暮云收。
>
> 行人过此应相问，
>
> 黄壤千年尚属周。

这是明庆阳府通判吴士英咏周祖不窋遗陵的诗歌。民国年间人张精义在他的《谒周祖庙》一诗中写道："夏政衰时稷失官，西来斯地辟荒滩。基开八百功劳重，夜烛常明月下看。"

周，是我国历史上存世时间最长的一个王朝，西周、东周从公元前1046年到公元前256年，相续绵延了790年，接近800年。周是我国历史上非常重要的一个朝代，中华民族的道德伦理、礼仪规范以及哲学思想，基本上都是在那个年代奠定的。"帝开基业八百秋"，"基开八百功劳重"，周朝八百年江山，不窋是有着开创之功的。对于不窋的功绩，祭公谋父在劝阻周穆王征伐犬戎时，做了这样的评价：

> 昔我先王世后稷，以服事虞、夏。及夏之衰也，弃稷不务，我先王不窋用失其官，而自窜于戎狄之间，不敢怠业，时序其德，纂修其绪，修其训典，朝夕恪勤，守以敦笃，奉以忠信，奕世载德，不忝前人。
>
> （《国语·周语》）

当代历史学者李仲立教授在他的《不窋论》中认为，不窋对周部族的形成和发展起过重大作用，做出了突出的成绩和贡献。不窋是一位勇于开拓进取，具有强烈责任感和使命感的有胆识的谋略家。在他的带领下，周部族开始走上了发展自己力量的新的道路。如果不是他去夏而窜于戎狄之间，周部族发展壮大的时间将会推迟，所以在周人形成和发展的历史上只有他才能称得上真正的先祖。根据《国语·周语》的记载，他认为不窋奔"戎狄之间"后的主要功绩在以下三个方面：

1.不窋到戎狄之间（甘肃庆阳）后，面临着生存和发展问题。为了解决这个问题，他日夜辛劳，从未有丝毫懈怠和放松。他把搞好农牧业生产放在首位，不违时序，组织生产活动，使农业生产得到了发展和提高。与此同时，针对部族中出现的一些思想认识问题，及时提出要用道德来规范自己的言行，培养自己的情感，增强周部族的凝集力，继承前人未竟的事业，为发展周部族做出贡献。

2.强调用典章制度进行管理。不窋在加强典章制度方面做了不少工作。他认真整理、制定各种规章制度，并以此来教育和引导族众要时时刻刻、谨慎小心地执行典章制度，避免在执行过程中出现时松时紧、时宽时严的问题。

3.当时的周人在戎狄的包围中，如何处理好与戎狄的关系，也是一个很突出的问题。不窋提出了奉守厚道、忠诚、信用的原则处理周族内部及周人与戎狄间的关系，从而使族内族外和睦相处，共同进步，共同发展。由于不窋使用了正确的交往原则，为周部族的生存和发展创造了良好的社会环境。这些措施取得了很好的社会效应，他们很快修建起了"不窋城"，这是周部族有史以来建立的第一座城堡，它标志着以不窋城为中心的周部族紧密地团结起来，增强了向心力。此外，农业、畜牧业生产均得到了迅速的发展和提高。

庆阳当地学人路笛先生在他的《肇周圣祖》一书中把不窋在北豳的历史功绩概括为四点：①教民稼穑，开创农耕文明的先河。②改地穴为窑洞，大力改善居住条件。③修建不窋城，对周族政治中心的形成和以周族为中心的北豳邦国的建立奠定了基础，使周族形成了统治阶层和管辖区域，标志着先周部落政治联合体的形成。④联合其他民族，共同开发北豳。③

刘文戈先生在他的《姬周旧邦》一书中，在总结不窋播种农耕火种、创造"陶复陶穴"以改进居住条件、修建庆阳城等历史功绩的同时，更看重周祖文化的精神价值。他认为，周祖文化精神可以概括为，尊亲继业的主体观念，重农养生的先进思想，艰苦创业的维新精神，因地制宜的科学方法。④

以上学人的见解，对周祖不窋功绩的评价基本上是客观的，大体符合当时的历史实际。

不窋失官之后，自窜于庆城这个相对偏远和落后的所谓"戎狄之间"，基本上脱离了中央政权的控制，也摆脱了对既有体制的依赖，使他领导的族群有了一个相对独立的自主发展的空间。这是有利的方面。

然而，面对的问题和困难也是突出的。用我们今天一句经常使用的话来说，就是挑战与机遇同时存在。试想一下，在戎狄这一异族生活的区域里求得生存和发展，首先是如何处理与戎狄人的关系问题；同时，还有一个很迫切也很具体的问题，就是部族内年轻人的婚嫁和生育问题，也需从当地戎狄族群中选择配偶。所以，与戎狄和睦相处、共同发展，是唯一正确的选择。其次，不窋率领族人从邰地来到泾河上游的庆城一带，面对的是一个陌生的人文和自然环境。虽然从帝尧时就让弃担任了全国的农官，但在泾渭上游的戎狄民族地区，农业经济并没有多少推进，这里的民众依然是以狩猎和畜牧业生产为主。

这里的农业经济弱小，还有一个更重要的非人为的原因——在距今4000年左右，西北地区在气候方面开始了一个冰冻阶段，气候和环境条件发生了重大变化，年平均气温下降了3至4度，降水量大幅度减少。在黄土高原地区，地带性森林南移，或抬升到高原内山地的更高处，高原的绝大部分被草原和荒漠草原所占据，古土壤发育缺乏。在更北部，风沙活动再次活跃，新沙丘广泛分布，西部内陆山地、山谷、冰川开始向前推进。这个寒冷期大概持续了数百年之久，对区域内人类社会经济生活产生了深远影响。所以，除了关中地区，在西北中部甘青地区锄耕农业衰落了，代之的是半农半牧或畜牧的经济生产方式，社会生产出现了停滞和倒退的趋势。受到寒冷期直接影响的庆阳地区，原始农业开发很早，但在夏代开始时期，由于气候的变化，这里的农业急剧衰退，成为中原地区周边民族"戎狄"居住区。⑤

上述分析和推断，已为与庆阳相邻的长武县的碾子坡遗址的考古发现所证实。碾子坡遗址是周人迁都岐邑以前的一处重要的先周文化遗址，是稍早于古公亶父时期之前的一处周族的居住地和葬地。在居址中不仅发现多种不同用途的农业生产工具，而且还发现一些未去皮的炭化高粱。这些发现充分说明，农业生产无疑是当时社会经济生活中的一个重要方面。碾子坡先周文化居址中出土的居民食后残余，如马、牛、羊、猪和狗等动物的骨头数量特别多，当时采集约一百多小麻袋，至少还有四分之一的骨头因腐朽未能收集起来。兽骨中以牛骨为大宗，约占全部兽骨的一半以上。该现象说明周人这时的畜牧业生产也是十分发达的，它应是当时社会经济生活中一个十分重要的因素。

周先祖不窋率领他的族人，正是在这样一种社会经济形态下来到庆城一带的，他是周人在陇东的第一代先祖，当时戎狄族的社会经济生活，自然是以畜牧业或狩猎为主要形态的。一个以农业生产见长的族群，来到了以畜牧业生产为主要社会经济形态的区域，并且要在这里生存，这就有一个采取什么样的方略，来组织生产和发展经济的问题，还有一个如何树立形象和树立何种形象的问题。这一切，都需要有一个正

确的指导思想和行为准则，来统一部族内个体成员的行为，以及群体的
活动。

在这种情势下，领袖的作用就显得异常重要。他是族群的大脑，尽
管一赢保证不了百赢，但一错则必然酿成百错。

李仲立先生说得对，不窋是一位具有强烈责任感和使命感的有胆识
的谋略家。我认为，他还是一位英明的政治家和实干家。他带领族人来
到"戎狄之间"，首先是恪守祖训，以德立身，注重教化；恪守勤勉、
敦笃、忠信的处事准则；他整理并完善了周族的训典和规章制度，使人
们的行为有了依据。"莫言征伐成王室"，"服劳力穑是家传"，以德立
身，敬业起家，和谐了与戎狄族的关系，维持了族人内部的团结。在生
产上，因地制宜，应时而为，制定了合理的经营方略。他向戎狄民族学
习畜牧业生产经验，积极发展畜牧业。这在《老王放羊》《老王智降白

| 周祖庆典

龙马》等民间传说中就有所反映。同时，积极发展农业，身体力行，不敢怠业，把先进的生产理念和技术传播到戎狄人那里。如《老王耕田》等传说，以及教民学稼的后稷台等历史遗迹，就生动地反映了不窋初到庆阳开创陇东农业文明的筚路蓝缕之功，而《崭山湾》则曲折地道出了周族疏通河道、消除水患的艰辛过程。

总之，夏代末年不窋及其族人作为当时先进生产力的代表，从关中一带到偏远落后的戎狄地区，一方面积极顺应当地的气候条件和地理环境，努力发展畜牧业；一方面把先进的思想理念和生产方式及技术带进该地域，播撒了农耕文明的种子，和当地戎狄族一起，推动了泾河上游社会文明的进程。

历史后浪推前浪。今天，我们的社会比起不窋时代，早已发生了地覆天翻的变化。但当我们踏上这块古老的土地，不应忘记"黄壤千年尚属周"，不要忘了"庆阳亦是先王地"；不要忘了，在中国历史的上古时期，周祖不窋和他的子民们，在这块土地上曾经唱出了怎样的一支艰苦卓绝的创业之歌啊！

青山不老，古冢不朽。庆阳历史上多少建筑，或毁于地震与兵燹，或被岁月风吹雨打去，唯周祖古冢与青山同在。

时光进入公元2002年，重新修建的周祖陵园，迎来了第一次声势浩大的公祭周祖活动。甘肃省和庆阳市、县领导及来自全国各地的专家学者、海内外客商和友人，与成千上万的群众一起，会集在庆城东山（帽盒山），向周祖敬献了祭文和祭礼。此后，一年一度的公祭活动连续不断。十年过去，在毗邻周祖大殿和周祖陵园的山坡上，又建起了周祖农耕文化博物馆和庆阳农耕与民俗文化产业园。庆城东山，已经成为人们来到庆阳不能不看的一处胜景。

注释：

①③李仲立《论不窋》，《庆阳先周历史与农耕文化论丛》，中国文史出版社，2009年。

②王春《文物遗存表明庆阳为肇周旧邦》，《庆阳先周历史与农耕文化论丛》，中国文史出版社，2009年。

③路笛《肇周圣祖》，新华出版社，2003年。

④刘文戈《姬周旧邦》，甘肃文化出版社，2005年。

⑤刘光华《有关先秦时期陇东历史的几个问题》，《庆阳先周历史与农耕文化论丛》，中国文史出版社，2009年。

承前启后的鞠陶

　　不窋之子，《史记·周本纪》曰"鞠"，《三代世表》《汉书·古今人表》也作"鞠"。而韦昭注《国语·周语》宋公序本、《酒诰译文》及《路史》引《世本》皆作"鞠陶"，《庆阳府志》也作"鞠陶"。历史典籍中对鞠陶活动的记载非常之少。《周本纪》中只有"不窋卒，子鞠立。鞠卒，子公刘立"两句，可谓是一笔带过。

　　但是，在庆阳民众的心中，鞠陶却有着极高的声望，民间称岐伯、鞠陶和公刘为庆阳三圣。（见庆阳县旧志）

　　庆阳百姓尊崇鞠陶，是有道理的。《世纪·周本纪》载："不窋末年，夏后氏政衰，去稷不务，不窋以失其官而奔戎狄之间。"这说明不窋奔戎时，

鞠陶像 |

年岁已经大了。他在率领族众完成了由邰地到北豳的第一次迁徙之后，在"戎狄之间"的庆城修建了不窋城，并恪守祖训，以德立身，教育子弟，勤勉敬业，发展生产，初创了周族在庆阳的基业。但毕竟年事已高，在完成了他的历史使命之后，继续创业的重任就必然落在了年富力强的鞠身上。不窋、鞠陶时期，均属于周族在庆阳创业的初期。不窋卒，子鞠立。鞠陶在协助父亲开创了最初的局面之后，面对巩固和扩大成果的艰巨任务，他披荆斩棘，开拓进取，其克服的困难之多是可以想象得到的。鞠陶，就是这样一位在周族早期发展史上具有承前启后作用的一位部族首领，他的主要贡献在不窋死后到公刘迁豳之前。

对于鞠陶，由于史书记载极少，通过典籍记述去研究他，显然是不现实的。庆阳籍学人自小生在那里，长在那里，期间耳濡目染，对于百姓中流传的关于周祖创业的事迹，自然要比一般人了解得多。关于鞠陶，听听他们的说法是有必要的。

庆阳籍学人对鞠陶的论述

路笛先生在《肇周圣祖》一书中认为，鞠陶是周先祖奔庆阳后的第二代首领，也是周族在北豳事业的真正开拓者。不窋为周先王，史志中所说的周老王应该就是鞠陶。他认为周老王在北豳主政期间建立了赫赫功绩，归总起来为开拓、发展、建设、除患四件大事。

一是开拓了北豳疆域。北豳疆域，最初以庆阳城为中心，逐渐向四周扩展，鞠陶执政后，先后占领了环江两岸及白马川、合水川，范围包括今庆城县、环县、华池县及合水县的大部分土地。清《庆阳府志》记载，天子掌在县城东北70里，周老王陵在县城西60里，公刘庄在府城北30里。这些地方都是周族故地，大致说明了鞠陶初期周族的势力范围。1984年，北京大学考古系等单位在合水县蒿咀铺乡九站齐家文化遗址进行了发掘。这是一处寺洼文化的群落遗址，总面积48000平方米，居民房屋以穴窑为主，陶器底部重复出现谷物痕迹。九站遗址出土了大量陶器，说明在这里居住的部族不是什么游牧民族，而是长期定居并从事农业生产的部族。九站遗址处于马莲河支流地带，距庆城近百里。这里很可能就是周部族活动的区域。

二是发展了农牧业生产。北豳原来是以游牧为主的区域，故称北荒，之后被称为北地。北地之北又被称为朔方。那时，大原上生长着茂密的牧草，山坡、沟渠里尽是密密的森林，森林里活动着众多的野兽，以狼、豹、野猪、山鹿为多。周人到来后，将秦川和中原农耕文化技术带到了北豳。他们先是在比较平坦的川道地区烧荒垦田，扩大种植面积，发展农业生产。鞠陶主政后，联合当地民族，将畜牧、农业一齐抓起来，种植、养殖、狩猎并举，迅速推动了北豳的发展。

三是建设了城镇村落。在周族来到北豳之前，这里居民无固定的居住点，更无村落可言。自鞠陶领导人民集中修建窑洞后，便出现了以窑洞群为标志的可以定居的村落，于是一批批村落便逐渐形成了。当时较大的村落，在马莲河川有西姬峪（即莲池）、马岭、阜城、板桥等，在白马川有天子掌（即后来的公刘庄）、圣水塘、白马洞、雷鼓坪等。由于村落的形成，人们从此过起了定居生活，往日不断迁徙的生活便一去不复返了。随着居住区的形成和连片，小城镇也应运而生。

四是兴修水利，消除了洪水之患。鞠陶在北豳有一个很大的成绩是斩断"龙脉"，更确切地说应该是斩龙门，消除了水患，保护了不窋城免受洪水的侵害。自斩了龙门，消除了庆城县城水患之后，庆城南关便成了商贸云集之地，成了繁荣的市场。周老王斩龙门是一个壮举。周老王鞠陶在水利方面的另一个贡献是凿开鹅池洞，解决了城内居民的吃水问题。传说鹅池是周老王养鹅处，但更大的可能是为了取水。因为城西的河水（马岭水）水质很差，不宜饮用，而东河（即白马水）水质则相对要好一些，适宜饮用。平时可去东河取水，但遇到洪水或敌人围城，城门紧闭，城里就有断水之虞。于是，周老王想了一个办法，即从城里在城墙下面挖一个斜洞，直通东河；把洞用石头砌好，把东河水引进洞坑里，然后再修上台阶，这样人们不用出城便可以取上东河水了。①

于俊德、于祖培先生在《先周历史文化新探》一书中，也对鞠陶的功绩给予了很高的评价。他们的考察重点不是在庆城，而是他们更为熟悉的宁县。他们认为，"周老王"并不专指鞠陶，庆阳百姓口头流传的老王、赖王、懒王、奈王皆为虚指，均非周族某一位先王之确指。从词义上讲，"懒"、"赖"、"奈"不表达任何实意，相比之下称"老王"较为准确，它应是对周先祖的尊称。书中分析了五个流传于宁县和庆城关于周老王的民间传说，其中的老王既有不窋，也有鞠陶，还有的既可能是鞠陶，也可能是公刘。但经过反复推敲，五处传说中四处应为鞠陶之事，因此断言庆阳地区周老王的称呼是指鞠陶无疑。那么，鞠陶在庆阳的贡献可就大了。

他们还有一个有趣的发现：鞠陶在庆城县被尊为圣人，但庆城县却无他单独的庙宇。但是，在宁县焦村乡麻线杜家有他的祠堂，叫老公祠。里面供奉的两尊神像称老公、老母，就是鞠陶和他的妻子。老公祠东塬畔还有一座"公刘庙"。在老公祠的传说中，老公的妻子是西峰市温泉人，公刘的妻子是今陕西长武县马坊村人。鞠陶、公刘时结的姻亲关系，成为影响当地人事关系的一个重要因素。由于麻线杜家是父庙，温泉刘家店是子庙，长武县马坊村与其是姑舅亲戚，因此历史上这三地人际关系密切，直到现在都是这样。老公祠每年有两次庙会，分别在农历二月十五日和七月十五日。庙会时刘家店和马坊村都要前来给老公、老母进香。庙会规模很大，仅老母娘家刘家店就有二十几社，每社一轿，二十几社村民敲锣打鼓的上百号人，抬着二十多顶轿子来进香。麻线杜家作为老家人，家家户户热情款待刘家店和马坊村来的客人。因为老公祠位于沟底，几十顶轿子上下山不方便，停放在塬上，只让进香的人步行下沟朝见老公老母，上香祭献。

刘家店在北为上，麻线杜家在南为下，这就出现了子庙（公刘庙）在上而父庙（老公祠）在下的反常现象，不符合中国传统伦理秩序。但是，民间总是有智慧给这些矛盾的现象一个合理的说法。当地有这样一个民间故事，传说老公鞠陶为他自己和儿子寻找坐化之地，来到了董志塬上。他先在刘家店为自己找好了坐化之地，然后又在宁县路口西二里处麻线杜家沟里，为儿子公刘找了坐化之地。没有想到的是，当他从麻线杜家返回刘家店时，儿子公刘却在那里坐化了，占了自己的坐化之地。无奈，鞠陶只好回到麻线杜家坐化。这样就形成了父下子上的情况。

公刘早于其父鞠陶坐化，在庆阳各处的周祖庙里也得到了证实。刘家店公刘庙里公刘是黑须黑发，麻线杜家老公祠里老公为白须白发。在周祖陵园里40位先王塑像中，也是如此。这不是今天塑像师的凭空想象，历史上就是如此。据此，《先周历史文化新探》的作者认为：第一，周族到庆城县后，积极向四周适宜耕作的地区发展，在鞠陶时就已发展到董志塬上。老公在刘家店和麻线杜家为自己和儿子寻找"坐化之地"，就曲折地反映了鞠陶为首领的周人向土地辽阔的董志塬发展的努力；第二，鞠陶死于公刘之后；第三，鞠陶在世时，就传位于其子公刘；第四，周族与当地戎狄族通婚。

《先周历史文化新探》一书，还从麻线杜家古文化遗址考古发现的角度，证实鞠陶庙、公刘庙历史上就已经存在，说明周族祖先在此地生存和发展是历史的真实。麻线杜家村是一处仰韶文化、齐家文化、周文化和汉文化相延续的遗址。遗址处于湫滩之东的山坡上，南北约400米，东西约100米。麻线杜家村在遗址之上，其东即为一条自南而北的古道胡同，其南为岭头村，其北依次为西李、西沟。这条长达10余里的胡同，密布着周汉文化遗存，灰坑到处都是，规模相当大。出土的器物，属于周文化的有：泥质灰陶和夹砂灰陶，器形有盆、罐、鬲、瓮等。麻线杜家村东南，还有几十处齐家文化、周文化遗存。

考古发现，印证了周先祖在这一带活动的事实。

关于鞠陶，于俊德、于祖培采用民俗文化研究、文字考释与考古实证相结合的方法，从发展制陶业、改善居住条件、水利上的作为和对农业的贡献四个方面，进行了有学理的考证，高度赞扬了鞠陶在周族发展史上的历史功绩。[②]

《先周历史文化新探》附录了麻线杜家村民杜良玉为老公祠撰写的碑文，其中有这样一段话："《庆阳志》说，不窋，后稷之后，值夏德衰乱，窜居北豳。子鞠陶，孙公刘，世为药人。来庆阳历经三代，率民复后稷业，教民稼穑，传授农桑，修挖陶复陶穴居之。积粮牧畜，习武护国，为周开创八百年业基。《史记》称，周道之兴自此始。受民拥戴，不窋为周老王，鞠陶为老公，鞠陶妻为老母（老母名杏花，又名向真，今西峰温家人）。拥公刘为天子，尊公刘妻为蚕神（蚕神名巧莲，父张蚕桑，今陕西长武马坊村人），她将祖传蚕桑捻线缝衣技艺下传国人。"

这是对不窋、鞠陶、公刘祖孙三代在庆阳创业的一段民间表述，可见正史很少记载的那段史实，在民间老百姓那儿却是个生动的具象世界。杜良玉这里，称不窋为周老王。笔者在庆阳工作了十二年，期间承担了甘肃省教育厅"陇东民间文化研究"这一课题，在田野调查中从当地农民口中，也多次听到不窋为周老王的说法。

继往开来的鞠陶

周老王，只是庆阳百姓对到泾河上游开创基业的周人先祖的一个尊称。一般人觉得老王就是最早的先祖，那么周老王就应当是不窋。路笛认为周老王为鞠陶。于氏叔侄分析了当地关于周老王的几则传说，也认为多数传说中的周老王就是鞠陶。这些只能是一种合理的推断罢了，因为周老王是谁并不重要。但要将周人到庆阳创业初期的历史功绩在一、二代先祖中做个区分，就不是那么容易了。因为史书对周人豳地生活的十二位先祖的记述，除了不窋、公刘、古公亶父以及庆节之外，其他九位先祖都是一笔带过，只有"立"、"卒"二字。而且，生卒年月均不详。因此，要确认鞠陶继位后有哪些作为，不是一件容易的事。我们只能从《诗经·公刘》和一些民间传说以及考古发现等，来对鞠陶的功绩做一些辨析和评判。

《先祖历史文化新探》在肯定了鞠陶的历史功绩后说："我们有理由说周族的后代只重视了公刘与庆节建立古邠国的功绩，却对做基础性贡献的鞠陶未给予应有的重视，故而使这个为周族振兴做了基础性贡献的先王埋没于历史死角。"其实，这也不能怪到周族后代的头上。记载周族事迹最主要的两个重要文献，一是《史记·周本纪》，一是《国语·周语》。《史记》为司马迁所著，《国语》据传为左丘明所为。那么，是不是就应责怪司马迁和左丘明对鞠陶之事记载过于简略了呢？我认为，也不能怪那些史官们。志书不是家谱，它只是对那些在本族发展史上的转折时期或关键时刻产生过重大影响的族人领袖，才做出重点记载，而对一般先祖，包括做了基础性贡献的先祖们，往往从略记载，甚至一笔带过。这是志书写作的常态。

或许，当时有比较详细的记述，但由于时间久远，种种原因使这些史料消失于历史的烟雨之中。更何况，我国历史上还发生过秦始皇焚书坑儒的荒唐之举。焚书坑儒，对于秦之前的文字资料的伤害更是灾难性的。因此，司马迁他们对中国上古史的记载，不能不简，而且不乏揣测推断和自相矛盾之处。所以，《史记·周本纪》中对于鞠陶的记述只有"不窋卒，子鞠立。鞠卒，子公刘立"十二个字，也就不难理解了。

没有疑问，鞠陶在庆阳民间有很好的口碑，而且口碑要比他的父亲不窋好。因为，鞠陶被庆城人奉为"三圣"之一，顶礼膜拜。而不窋作为周人到庆阳后的始祖，却没有位列"三圣"。不窋对于周族，是有再生之功的。是他果断地选择时机，带领族人逃到"戎狄之间"，避开了"夏后氏政衰"给自己部族造成的生存危机，在泾水上游别创新业。在《周语·祭公谏穆王征犬戎》中，祭公谋父对于不窋奔戎狄之后的立德、创业之功给予了"不忝前人"的评价。那么，不窋为什么没被尊为圣人，而史书中一笔带过的鞠陶反而被尊为圣人了呢？

我想，不窋没有被尊为圣人的原因，还在于"周老王坐庆阳龙脉斩断"。这个周老王，就是周人到庆阳最早的先祖——不窋。庆城当地百姓中有这样一种说法，说是因为周老王在崛山湾把庆城的龙脉斩断了，所以庆城此后再没出过天子，出了一个公刘，还是到了宁县才成为"天子"的。现在流传在民间的《斩龙脉》《三圣母救龙脉》《怒斩龙脉千古奇》三个故事，都对周老王"斩龙脉"这件事进行了批评和抱怨。民间还有天怨、地怨、人怨"三怨歌"：

《天怨歌》：阴雨倾盆倒，雷电惊天过。天生龙治水，懒（老）王你有错。

《地怨歌》：天父地母水中生，斩断龙脉罪非轻。群龙无首四海散，千秋庆阳遗怨恨。

《人怨歌》：昔日只知周懒（老）王，误斩龙脉理不当。一失足成千古恨，凤飞龙去留旧邦。

《天怨歌》直接抨击周老王管了不该他去管的事情，斩了龙脉，酿成大祸，天也怨怒。

《地怨歌》写周老王斩断龙脉造成的灾难性后果，庆城成了个群龙无首的地方，庆城人千秋万代都在怨恨。

《人怨歌》写周老王斩断龙脉之后，也醒悟到是一个失误。然而，已经成了既定事实，无法补救。一失足造成千古恨，庆城这个地方凤飞龙去，只剩下了一个周旧邦的空名。

于是，"龙脉斩断"成为庆城百姓挥之不去的一个情结，周老王不窋没有被民间尊为三圣之一，也就顺理成章了。周老王劈山治水，功在当时，泽被后世，可是民间对他的误解却太深了。好个被冤枉的周老王！

再从鞠陶这方面来说，他继位后的确给周族及戎狄族民众带来了利益。《诗经·公刘》是歌颂公刘伟大功绩的，主要是记写公刘率领部众如何迁往豳地开创千秋伟业这一在周族发展史上具有划时代意义的事件的。

诗的首章写到公刘出发前的准备："笃公刘，匪居匪康。廼场廼疆，廼积廼仓，廼裹糇粮，于橐于囊 ，思辑用光。"这几句诗，翻译成白话就是：诚实忠厚的公刘，不图安康和享受。划分疆界，治理田畴，仓库里粮食堆得满满。做好干粮，包装起来准备远行。大袋小袋都装满了，大家和睦团结，为生活在同一个集体而感到荣光。

从这首诗里可以看出，在公刘率领人们前往新的居住地之前，周族已经相当富足了。"廼积廼仓"，露天或仓库，堆满了收获的庄稼和粮食，说明这时农业生产已经有了相当的发展。这样的发展，是谁打下的基础？是"不敢怠业"的不窋，更是继往开来的鞠陶。

前面我们说到鞠陶为儿子公刘和自己寻找坐化地的传说。透过表层风水学的意义，该传说实际上潜含着鞠陶为了扩大农业生产规模，走出庆城，到董志塬及相邻的宁县踏勘土地及水资源状况的历史真相。由于缺乏史料记载，我们无法确定鞠陶时期周族的活动范围，但从《公刘》等诗歌以及当地的民间传说和一些历史地名上，还是可以推断出鞠陶时期周族的势力范围，已经向周边的华池、环县、合水、董志塬、宁县、镇原等地有了一定规模的拓展。如果不是这样的话，公刘就不会那么顺利地在豳地（今宁县）建立都邑。我们也能够想象得到，具有雄图大略的周先祖，绝不可能长期地囿于庆城一隅，鞠陶时期的向周边发展，是可以肯定的事实。

然而，鞠陶的贡献，更多地体现在对族人和其他人众生活和居住条件的改善上，即民生问题上。这对普通民众来说，是最实际的利益。这正是鞠陶为民众所拥戴的一个重要原因。

上古时期，生活在泾水上游的人们，由于鞠陶的出现，生活和居住条件有了一次改善。人们感念他的恩德，就在他的名字"鞠"后加了一个"陶"字。

上古时姓和氏是两个既有区别又有联系的概念。姓是一种族号，起着"别婚姻"、"明世系"、"别种族"的作用，是家族的称号。氏是姓的分支，同一姓族的人，由于人口繁衍，迁居各地，以及身份职业的变化等，同一个祖先的后代子孙，便逐渐分为一些支派，这些支派就是氏。正如刘恕在《通鉴外纪》中所指出的那样："姓者统其祖考之所自出，氏者别其子孙之所自分。"上古只有贵族才有姓氏，一般平民没有姓氏。战国以后，人们以氏为姓，姓氏逐渐合二为一。汉代则一概谓之姓，一般平民都能有姓了。

纵观我国姓氏的产生和发展历史，其产生的途径和方式是很多的。如以国为氏，以邑为氏，以乡为氏，以亭为氏，以地为氏，以姓为氏，以字为氏，以名为氏，以排行次第为氏，以族为氏，以官为氏，以爵位爵系为氏，以技艺为氏，以德行或著闻之事为氏，以谥号为氏，以避仇而改姓氏，等等。

古人有名还有字。上古婴儿出生三月后由父亲命名。男子20岁成人举行冠礼时取字，女子15岁许嫁举行笄礼时取字。名和字有意义上的联系。如屈原，名平，字原。原者，广平也。苏轼，字子瞻。"轼"是古代马车车厢前部的横木；"瞻"，视，观，望。古人除了名和字之外，一些人还有别号。如苏轼自号东坡居士，陆游号放翁。

古时还有谥号一说。古代帝王、诸侯、卿大夫、大臣等人死后，朝廷根据他们生前的事迹、行为和品德评定一个称号，以褒善贬恶，这个称号就叫作"谥"或"谥号"。谥号是用一些固定的字来表达的，这些字具有特定的含义，用以表示对死者的褒扬、贬斥或哀矜之意。如汉文帝，"文"便是谥号，意谓"经天纬地"，属褒扬类谥号；"炀"是隋炀帝的谥号，"炀"即"好内远礼"，有贬斥意。

私谥，是古人死后，由其亲友、门生、故吏所加的谥号，是一种民间行为。有私谥者生前多为有名的文人学者或隐士。如陶渊明死后，颜延年为之作诔，谥为"靖节徵士"。

根据上述古人姓氏、取名和谥法常识来看，鞠陶的"陶"字，更多地含有"谥"或类似于"谥"的意义，很可能是后人根据他的贡献在他的名字后面加上的一个字。这个加在"鞠"之后的"陶"字，表达了人们对鞠时期在制陶业和改善人们居住条件方面所做出的杰出贡献的褒扬和怀念。

按照祝鸿熹主编的《古代汉语词典》的解释，"陶"字有以下几种意义：①用黏土烧制的器物。宋米芾《砚史·用品》："玉不为鼎，陶不为柱。"②烧制陶器。《孟子·告子下》："万室之国，一人陶，则可乎？"③教育；培养。宋王安石《上皇帝万言书》："臣愿陛下……思所以陶成天下之才。"④喜悦；快乐。唐李白《春归终南山松龙归隐》诗："且复命酒尊，独酌陶水夕。"⑤通"掏"。《诗·大雅·绵》："古公亶父，陶复陶穴。"⑥古地名。在今山东定陶县西北。《史记·货殖列传》："（范蠡）适齐为鸱夷子皮，之陶为朱公。"⑦姓。

鞠陶的"陶"字，究竟取的是陶字的何种含义呢？根据泾河中上游地区的考古发现和这一区域的居住习俗分析，鞠陶的"陶"与②、⑤关系密切，即有制陶和掏挖土窑洞的含义。这也是多数学者经过研究得出的结论。至于③、④的含义，或许也是有的，但缺少证据，不敢信口雌黄。第⑥种含义，与鞠陶无关，因为当地无叫"陶"的地名。第⑦种含义也可排除，因为鞠陶姬姓。

鞠陶把先进的制陶技艺从关中带到了泾河中上游的戎狄之间，在他主政时，这一区域的制陶业有了较快的发展。

李仲立先生等认为，周人在庆阳、陇东一带活动，接受当地的齐家文化影响，并逐步代替齐家文化，形成一种新的文化——平凉安国式类型的文化。

一般认为，齐家文化在公元前2000年左右，安国式文化在公元前2000年以后的几百年中，这与周人在泾河上游活动的时间大体相合。

安国式类型文化遗址首次发现于平凉市西20公里安国乡东沟村，属寺洼文化遗存。1958年由山洪冲刷而被发现，面积约1万平方米，包括黑刺洼墓葬遗址和庙坪居住处等遗址。遗物有红陶罐、陶鬲、陶壶、陶豆、陶纺轮等陶器20余种，罐口及罐口的两耳与口沿相连部位皆呈马鞍形。其马鞍形特点因首次发现，故命名为“寺洼文化‘安国式’陶器”。其中有一陶罐，通高31.5厘米，口径16.7厘米，夹砂红陶，陶质较粗糙，口呈双马鞍形，束颈，宽带耳，溜肩鼓腹斜收，平底，器表有烟炱。属国家一级文物。

九站遗址位于狭窄的河谷地缓坡上，它南靠合水川，北倚马家原，西南距合水城约42公里，遗址东西400米，南北120米，面积约4.8万平方米（不包括墓葬在内），有一条东西向的土公路从中穿过，将遗址分割为南北两半。1978年后季，当胡谦盈先生一行到遗址考察时，正值农民在南半部平整土地，古文物俯拾皆是。所见陶器残片，有两种截然不同的风格，一种是属于西周流行的瘪裆鬲，折肩或圆肩的罐子等器皿的残片；一种是寺洼文化陶器残片，器形多为马鞍口型罐子，但也发现一些扁足鼎腿和鬲的扁足跟。胡先生他们曾反复地考察和研究遗址中的多种露头，发现扰土层以下有两种不同的堆积，上层是黄褐色土，厚0.3米~1米不等，属西周堆积；下层是深灰色土，厚0.5米~1.5米不等，属寺洼文化堆积。另据他们的不完全统计，在平整土地的遗址范围内，发现4座陶窑和3座房基。各座陶窑都残留火膛底部，窑址形制不清楚。1984年4月，北京大学考古系等单位对九站遗址进行了发掘，出土陶器之多，在陇东尚属首次。其中就有不少先周时期的。

此外，还有宁县麻线杜家村、宁县石岭子等遗址的出土陶器，都说明自关中逃到陇东的周族对庆阳、平凉制陶业产生的影响。

近年，庆城县博物馆收藏了一件袋状实心带手把的灰陶器物内模。此内模出土于庆城县墩台，长23厘米。手柄为圆柱体，直径5.2厘米，长6.5厘米，有横粗绳纹。袋状底部直径7.5厘米。模具表面亮而有光泽，大概是反复使用所致。这件袋状内模，其大小与宁县石岭子遗址的灰陶斝袋足相当。墩台鬲斝专用内模的出现，标志了当时陇东制陶技术的进步。

在泾河支流汭河、黑河中上游，距离庆阳不远的崇信、华亭一带，属先周文化或先周文化影响区，历史上陶瓷业曾相当繁盛。据《平凉地区志》载，崇信刘家沟发掘出新石器时期先民烧制陶器的无算陶窑。史载，秦虞阏父在周朝做陶正时，曾在华亭烧制土瓷。周秦时期，华亭安口已有陶业。汉代陶器制品多为盆、罐、缸等。宋代华亭安口镇杨家沟以生产黑陶为主，黄陶次之，有钵、碗、碟、壶、盆、罐、盅等。崇信毛家堡（新窑镇），以当地产的煤炭做烧制陶器的燃料。明代，安口镇称"陇上窑"、"安口窑"，以烧制青陶颇负盛名。崇信新窑镇，以烧制陶器、瓦器著名。清代形成碗窑、缸窑成套系列产品。道光年间，华亭窑头镇窑场蜿蜒几里，产品堆积于道旁。光绪初，华亭县除烧制青、黄、红、黑釉陶器外，还制成了精美绘花的穿衣白釉。

民国时期，烧制干泥、琉璃、紫砂、包釉陶瓷等。民国十八年（1929），华亭安口窑始产半细瓷。民国二十五年（1936）创办陶瓷研究所，研制普通白瓷。民国二十六年（1937），国民政府资源委员会派留德工学博士温步颐，聘带上海交通大学、金陵大学毕业生6人至安口，经数年考察筹备后，于三十二年（1943）创办华亭电瓷厂，制造各种瓷制绝缘子低压电瓷等器材，品种200余种，月产35万件，产品供应西北各省军政交通机关。二十八年（1939），成立华亭县瓷器商业同业公会、陶瓷业产业工会和甘肃省立华亭初级陶瓷实用学校。三十二年（1943），崇信县成立崇南瓷炭有限公司。华亭县有甘肃光华、永庆恒、永利、天顺西、长盛和、崇德、大兴、仁义厚、复华、恒昌、和生、天顺福、鸣舞、民生、耀长春、天泰贤、聚发祥、才世祥、协华、兴华、义和生、如义、邦顺长、聚胜德、恒生、文元、长盛福、天顺昌、玉祥、复兴、德胜镒31家瓷业工厂，以甘肃光华瓷厂规模最大。共有私人资本1250万元，月均产量24.35万件。人称"安口镇为甘肃省瓷业发达之地。为西北上等瓷之唯一产地"。陶瓷业的发达，带动了就业市场，四面八方的人来此地做工糊口，据说"安口"的命名就来于此。

新中国成立之初，华亭县有私营陶瓷业135户，从业899人。砂器业17户，从业26人。生产日用陶瓷506.2万件。1998年，有安口陶瓷厂、电瓷厂、釉面砖厂、陶土矿和新窑陶瓷厂，职工1651人，固定资产1141.6万元，完成工业总产值638.8万元，生产日用陶瓷899.7万件，釉面砖125万平方米，工业陶瓷1336吨，卫生陶瓷1110吨，耐火材料制品202吨。[③]至今，安口镇仍为甘肃省唯一的"陶瓷之都"。

文化的影响，是最深刻最持久的影响，先周文化对泾河流域影响巨大，泾河上游陶瓷业的持续繁盛，与周先祖的开创之功不无关系。鞠陶之功，大也！

周族由关中来到泾水上游，与"戎狄之间"肯定是存在着文化差异的。他们一边向戎狄人学习畜牧和狩猎技术，一边将农业文明和制陶技术带进这一地区。制陶业的发展，对当地的生活习俗，特别是饮食习俗产生了直接的影响。陇东人至今都善于根据生存环境、物候、物产、地质条件等来恰当地经营自家的生活。

到过陇东的人都知道，陇东有一道名菜叫"暖锅子"。"暖锅子"是陇东民间用来招待尊贵客人的上等菜肴。说起这道菜先要说说暖锅。暖锅，顾名思义，暖菜之锅也，是一种可以填装炭火烧煮菜蔬并使之保温的一种陶制炊具。这种炊具就产自安口镇。暖锅，高座，钵式，钵体正中是一上细下粗的喇叭形烟囱，内装炭火，用来烧煮菜肴。冬天，家里来了尊贵的客人，或者过年时一家人团聚在一起，主人便会抱一个暖锅放在饭桌上，锅里是堆得满满的事先煮熟的肉片、丸子，以及豆腐、白菜、菠菜、萝卜、粉条等。热气腾腾的暖锅，刺激了人们的食欲，一

| 暖锅子

时间筷子你来我往，吃了个满（蛮）福（陇东俗语，意思是吃美了——
作者注）。虽然是冬天，一个个却吃得满头大汗，满嘴油汪。人们啊，
吃暖锅时，可不要忘了鞠陶的制陶之功哟！

2005年冬末，我和兰州、宁夏的一些学者，到静宁张屲采访傩文化
遗存。午饭时间到了，在表演现场，热情的村民就给我们每个人面前放
了一个暖锅子。

现在，城市饭店里也有了暖锅，但大多都换成了铜制的，煮出来的
菜肴味道，总是不及土陶暖锅好。

鞠陶的另一个贡献，是改善了人们的居住条件。

据镇原县常山遗址等处考古发现推断，在不窋带领族人来到陇东之
前，当地人的居室多为地穴式。这和其以游牧为主的生产生活方式是相
一致的。而在《诗经·大雅·绵》中，也有这样的诗句："古公亶父，陶

复陶穴，未有家室。"《甘肃通志》也说庆阳府"好稼穑，务本业，有先王遗风，陶复陶穴以为居，于貉为裘以御寒"。陶者，窑也。对于"陶复陶穴"，有三种解释：一种解释认为，在塬上正凿的窑洞为陶穴，今称地坑院；在川地台上、河流两岸的半山腰间，或在塬边的沟壑之地，旁穿的窑洞为陶复，陶复为半穴居式的窑洞，今称窑洞。另一种解释认为，"复"为又、更、再之意，那么依"陶穴"之为陶窑意，陶复就是在其上再加层，有双层窑洞的意思，民间称其为"架板庄"。第三种解释是，陶，通"掏"，挖掘；复通"覆"，窑洞。古公亶父是周族迁居泾河中上游生活的最后一位先祖，是在"戎狄之间"生活的第12位周先祖。从古公亶父开始，周人南下周原，初迁岐下，即今岐山一带。

以上考证说明，是周族在泾河上游创建了"陶复陶穴"这一居住样式。

不窋之"窋"字，《辞海》是这样解释的：①（zhú烛）物在穴中貌。②（kù枯）同"窟"。《吴越春秋·王僚使公子光》："公子光伏甲士于窋室中。""陶"字，《辞海》有这样的释义：（yáo摇）通窑。窑灶。《诗·大雅·绵》："陶复陶穴，未有家室。"郑玄笺："复者，复于土上；凿地曰穴。皆如陶然。"另外，陶，通掏。

为古人取名，其名往往与其德行功业为关。不窋和鞠陶的名字都与土窑有关，可见，在泾水上游"陶复陶穴"居住形式的形成过程中，周族在庆阳的第一、二代先祖，是起了重大作用的。

泾水上游系黄土高原沟壑区，黄土层厚达百米，且为立土层，掏挖孔穴不易倒塌。不窋和鞠陶正是发现了这一区域的地形、土质特征，才因地制宜地创造了"陶复陶穴"的居住样式。直到20世纪八九十年代，陇东广大乡村还保持着这样的居住习俗。

陇东窑洞，因地形、土质、座向和接合方式的不同，有明庄、罗圈庄、地坑庄、半明半暗庄、四合头、楼子庄、大堡庄等。庄与庄又可以组成架板、沟圈、一摆溜等形式。

"修庄容易点庄难"，庄址的选择，要背风、向阳、气畅、来去有路。沟边、山坡、川台地上，处处可做选址地点。但是，要选择到理想的庄基，是不容易的事。不仅自然的地形、水流、气流特征等"大向"不好定局，就是大门、窑的只数与位置、水道眼和通道等"小向"，也难以求全。

明庄，俗称崖庄、靠崖庄。因采光充足而得名。在三个立面围成的庭院中，崖上的镢头刮纹，直通上下。长方形的空间，有"天人合一"之寓意。正立面崖叫正崖，是座向的格局，在"正位"，如同"人首人身"。两侧的立面崖，居"从正位"，宛若"人臂膀"，又兼"护身"的功能。明庄三崖面有高低、宽窄的区别。某些庄基，看似崖无差别，实际是"高一寸为山，低一寸为水"，预示山水必"高大饱满"、"气聚天心"。

罗圈形庄，充满生活哲理和美学的智慧。顾名思义，这种庄的立面以弧形与大门相接，使院子成为圆或椭圆平面。在塬边的"沟圈"或山坡的"窝窝"处，是最理想的罗圈形庄址。修建的困难，在于"窑"的位置和朝向。在圆形院内，窑口均匀地与院中心相对，就达到了"避凶就吉"和"合脉聚财"的心理需求。当圆形崖面达到或超过半圆时，称为"大罗圈庄"或"全罗圈庄"。未达到半圆形时，就叫"半罗圈庄"。

半明半暗庄。半明半暗庄的朝向，被半截土崖遮挡后，其"犹抱琵琶半遮面"的妙处，只有沿着迎面开挖的通道下到尽头，在院中心举目四顾时才能悟出。这种庄上半部的显露，只是个"引子"。

地坑庄，又叫地坑院，是塬上一种比较独特的窑庄样式。掘地成坑，坑壁即是挖窑的崖面，故名。有斜坡式通道通往院外，通道高约2

米，宽1.5米，顶部为拱形，跨度比居室窑要小一些。当地人对地坑庄"后枕实"、"前朝满"及"左龙形宜高，右虎砂在低"的形式，最是心满意足。地坑庄对雨水的处理方式，有独到之处。一是在洞子坡腰开小渗井，截住坡口以下的水流。二是在院角开大渗井，积蓄院内流水及生活污水。三是在崖上四周布数条小明渠，疏导地面积水。

窑洞庄子上面，有一道护崖墙，是庄崖上沿的一道矮墙。墙高一般在1.2米~1.5米之间，厚30厘米~50厘米，长与崖边相等。墙体多半是黄土版筑或椽筑。护崖墙的功能，完全是出于安全的需要。有了这样一个小建筑，人、畜、物是不会跌落崖下的。而且，崖顶的雨水也不易渗到窑的上部，能有效地防止塌方。在客观上，护崖墙的艺术效果是增加崖的高度，显得更威严。同时，崖的多层次线条布局也十分优美。

陇东窑洞的大小，一般视其地形、土质、崖面高低和地域习惯而定。塬区，窑浅而低，大都高一丈（约3米），进深长2~3丈（约6米~9

| 窑洞

米），宽 9 尺（约2.7米）。而山区，依山修窑，基础好，窑深宽高大，一般讲究丈二宽，三丈深，有的达到六七丈深。大者如宁县瓦斜乡水沟原村，有一窑1门5窗，窑内可供牛车回转。宁县盘克山中也有一窑，可供三套碾子在其中打碾粮食；小者仅为斗室，满间一炕，仅住1人。

按照不同的居住需要，窑洞的种类很多。但是，最常见的是明口窑。

明口窑，又名分肩窑、挑肩窑、肩窑，因窑口外露显而易见，故名。明口窑的山墙，在窑口进深半米到一米的地方。被窑口包容的山墙，无单调与严肃的感觉，突出了线、面的丰富变化，给人轻松愉快的感受。山墙的厚度，一般在60厘米左右，上下笔直，没有收分。因此，就是版筑土墙，也要刮去余土，然后卓泥抹平。窑主人习惯把安门窗的山墙孔洞的边缘，修得四棱见线才心满意足。

连肩窑，在山区才能见到。它是用庄的崖面做山墙的，挖掘时先开2米高、1.5宽的巷道，进深到2米左右时，扩修窑体，直至成形。这巷道，称门洞或门道，是安门的地方。然后，在崖面与窑的高度平齐处，开洞做天窗，中腰开下窗。从外面看，只有门、窗可见，没有山墙，不见窑口。连体"山墙"，比明口窑山墙厚得多，光线欠佳。但是，连肩窑外部与庄崖浑然一体，刮纹直上直下，有动感、流畅、活泼。

拐窑，以延伸和扩大主窑的使用空间而著称。同时可省去修建山墙的工序，又具有隐蔽性的功能。拐窑的位置，在主窑侧壁靠山墙的地方，大小约为主窑的三分之一。门包在主窑内，而窗户、烟囱都开在庄的崖面上2米高的地方。

窑的挖掘，总是以利于生产、生活为目的，呈现出很大的灵活性。比如居室以外的杂用窑，形制也十分丰富多样。

草窑，是放置或贮存牲畜饲草的，窑口高大，收分大，干燥明亮。门窗多安有苇席片，既透风、透光，又可防止鸦雀糟蹋饲草。

柴窑，堆放烧锅的劈柴和烧炕用的茅草，煨炕的草衣、牛驴粪等。无门窗，深暗而低矮，只防雨淋水湿。

灰窑，存贮荞麦杆、刺蓬、灰条等草木灰，淋水做蒸馍、擀面条和面用。修在院内干燥、僻静、干净的角落，窑口约1米高，草泥土坯抹墙挡灰，草帘苫盖。

磨窑、碾窑，安放石磨或碾子的窑洞。为了牲口拉套要能转圈，就在窑侧壁刮成一圈30厘米高的槽。

井窑，窑底有饮水井，因而窑口高在2米左右，窑山墙基高出庄院15厘米，防备草梗或土块掉入井内。

簸箕窑，只有30厘米见方的洞口谓之门，无窗户，潮湿而昏暗。在这儿编簸箕，细柳条始终是柔韧的，不会因干燥而折断；用榆树的二层皮缠簸箕边时，也不会松劲。窑的多种多样，证明了黄土的可塑性和生土利用技术的高超水平。

高窑，又叫崖窑子，是在正或侧崖面小间挖一只小窑，上下另修通道，分外道内道。内道是在高窑内挖，通向地面小道；外道多是搭移动梯子攀登进窑。这种高窑过去是为临时防御盗匪用的，备有短时食物、刀矛兵器，如遇匪抢，可入高窑，居高临下鸣枪防范。

窨子窑，在地面窑掌或侧面挖一小通道，长 1~2丈，然后挖一小窑。这种大窑套小窑，又叫地窨子，也是为防匪藏粮用的。

高厦，在一只或双肩相并的箍窑顶上再建一两檐出水的小楼房或一檐出水的厦子。高厦居高望远，空气流通，有瞭哨卫家的效用。

地坑堡，过去富豪人家在地坑院四周高筑城墙似的围墙，上面修哨楼、瞭望台，住有民夫守望，及时报警和防匪。

堡子窑，据险筑堡，堡内修挖窑洞，供非常时期村人迁居用以自守自卫的临时避难防患集中住地。窑洞宛若蜂房，形似营垒村寨。这在庆阳各处都有遗址残存，现在有很多地方的村名就是以此命名的，如郭家堡、邓家堡，等等。战乱一结束，人们又回到自己原来的小家小宅。这种堡子式的村寨，大都修于清同治时，为避战乱而筑。

此外还有一种窑洞，不是在崖面上挖制而成的，而是用黄土夯成的土墼子或砖石砌箍成的窑，这叫箍窑。箍窑一般是在院窑侧面或平地园子院里修箍的窑。箍窑两侧用短椽加檐成房形，顶盖瓦，外观是房，内看是窑，这种箍窑，叫房套箍窑。具有冬暖夏凉的优点，省料又美观。

| 箍窑

陇东窑洞，因为其形制的古老而独特，已经进入国家非物质文化遗产保护名录。

注释：

①路笛《肇周圣祖》，新华出版社，2003年。

②于俊德、于祖培《先周历史文化新探》，甘肃人民出版社，2005年。

③《平凉地区志》，中华书局，2012年。

"周道之兴自此始"——公刘

不窋和鞠陶为周族的生存和发展做出了艰苦努力，打下了一个好的基础，但周族的发达却是从公刘开始的。这是因为，作为一个逃亡到异族区域里求生存的部族，其发展是需要一定时间的。同时，作为一个族群的事业，要出现阶段性的飞跃，是需要有伟大的领袖人物来领导和推动的。

公刘，正是这样一个对周族发展起了关键作用的堪称伟大的领袖人物。

关于公刘，《史记·周本纪》有这样一段记载：

鞠卒，子公刘立。公刘虽在戎狄之间，复修后稷之业，务耕种，行地宜，自漆沮度渭，取材用，行者有资，居者有畜积，民赖其庆。百姓怀之，多徙而保归焉。周道之兴自此始，故诗人歌乐思其德。

《史记·周本纪》在说到古公亶父时，亦有这样的话语："古公亶父复修后稷、公刘之业，积德行义，国人皆戴之。"

可见，在周族发展史上，公刘具有十分重要的地位。

然而，公刘创造周族辉煌的业绩，却不是在不窋城，而是在"豳"这个地方。

为什么这样说呢？

《诗经·公刘》一诗中两处出现了"豳"字："笃公刘……彻田为粮，度其夕阳，豳居允荒。""笃公刘，于豳斯馆。"

《史记·刘敬叔孙通列传》记载汉高祖欲建都洛阳，大臣娄敬见，曰："陛下都洛阳，岂欲与周室比隆哉？"上曰："然。"娄敬曰："陛下取天下与周室异。周之先自后稷，尧封之邰，积德累善十有余世。公刘避桀居豳。太王以狄伐故去豳，杖马椎居岐，国人争随之。……"娄敬说，汉是以战取得天下的，不可比隆于成康之时，还是建都关中为宜，因为"秦地被山带河，四塞以为固，卒然有急，百万之众可具也"。高祖又问群臣，因为"群臣皆山东人，争言周王数百年，秦二世即亡，不如都周"。后来，还是留侯张良说了建都关中的好处，高祖才决定建都于关中。娄敬也因为此建言而被赐姓刘，拜为郎中，号为奉春君。

《史记·匈奴列传》载："夏道衰，而公刘失其稷官，变于西戎，邑于豳。"

以上几条史料记载，都明确了公刘与"豳"的关系。但史料也有含混或乖讹之处。三条史料都出自司马迁的《史记》。可见，在司马迁撰写《史记》时，关于周族的早期历史也是比较模糊的，可能存在着"不窋失官而奔戎狄之间"和"公刘失其稷官而迁豳"几种说法，因此他才在不同的文章中保留了几种似乎自相矛盾的说法，但他还是把"不窋去夏"放在《周本纪》中来记载，表达了他对那段历史的看法。

经过学者们对先周史多年的研究和考古发现，以及民俗文化的佐证，大体可以肯定的是，在夏后氏政衰失了后稷之官而窜于戎狄之间的周先祖是不窋；公刘是不窋之孙，为了寻求周族事业的更大发展，他带领族人又一次迁徙，到豳定居。

那么，"豳"地在哪里？让我们先看看学者们的说法吧！

| 公刘像

关于"豳"的几种说法

关于"豳"的地望，是一个争论较多的话题。《庆阳通史》指出，关于豳的地望，古今有三种说法。

第一种是今陕西旬邑、彬县说。班固说："栒邑，有豳乡，《诗》豳国，公刘所邑。"魏晋之际，汉栒邑被撤并入漆县（治今陕西彬县），因此晋杜预说："豳，周之旧国，在新平漆县东北。"唐李泰《括地志》中说："豳州新平县，即汉漆、沮县，《诗》豳国，公刘所邑之地也。"据此，豳的地望在今陕西长武、彬县、旬邑三县之间。

第二种是今宁县说。唐朝杜佑说："宁州，今理安定县。夏之季，公刘之邑，春秋时戎地，即义渠戎国。战国时属秦，始皇初为北地郡。"《元和郡县图志》称，北魏孝文帝太和二十年（496）改"邠州"（治安定县，今甘肃宁县）为"豳州"，乃"取古地名也"。北宋《宁州承天观之碑》曰："兹县据罗川之上游，实彭原之属邑……豳土划疆，本公刘积德之地。"康熙《宁州志·古迹》记载："公刘旧邑，在州西一里，周之先祖公刘居此。诗云'迺积迺仓'，即此地也，掘土颇多古瓦。"今人据《资治通鉴》卷40胡三省注"宋白曰：三水县东北二十五里邠邑原上有栒邑故城"，认为公刘活动之豳地，在今庆阳县南境，而所居之豳邑，则在今庆阳市宁县境内。

第三种是今山西说。钱穆认为公刘旧居在晋南汾水一带，"窃疑邠在山西汾城，踰梁山乃西避，非东迁"。钱穆的观点被许多学者接受。如吕思勉认为："山西之地，三面皆山，惟自蒲津渡河入渭城为平坦，钱氏之言，衡以地理情势，固无不合也。"王玉哲说得更具体，认为豳为山西汾水旁边的一个地方。[①]

以上是关于"公刘迁豳"的豳地地望的三种说法，各有自己的依据。

20世纪80年代以来，随着新的资料发现和考古发掘，"山西说"受到了许多学者的质疑。更多学者倾向于先周中期文化在泾河上游这一说法。饶宗颐先生在致许倬云先生的信（《谈西周文化发源地问题》）中说："考古学界关于先周文化之探讨，从70年代以来，由于出土文物之丰富，产生两种不同看法：一种受钱说影响，认为先周文化可能来自山西太原一带的光社文化，邹衡主之；另一种认为先周文化应来自陕西本地的客省庄二期文化，尹盛平等主之。80年代以后新资料陆续发现，以上二说均不能取得地下遗物之有力支持，已为人所扬弃。最重要的是碾子坡遗址之发现，此一文化层面分布于泾水上游，自甘肃平凉、庆阳各地遍及六盘山、陇山地带，是为文献所述早期周人居豳，提供考古学重要之实证。"

还有学者为豳都在宁县提供了新的理论和实证依据。

兰州大学历史学教授汪受宽先生在《豳国地望考》一文中，首先给"豳"以这样的概念定位："豳，既是指不窋至古公亶父诸位周先公所居'戎狄之间'的大范围的豳地区，又特指公刘、庆节至古公亶父所居的豳国，更具体指豳国都城。"接着，他对豳国都城豳邑的地望进行了考证。

汪文列举了关于豳国地望的三种说法：最早为班固的汉栒邑县境说；第二种是稍迟于班固的东汉许慎的汉美阳说；第三种是钱穆的汾城（今山西新绛）说。美阳说是因为在汉宣帝时发现了一尊周鼎，铭文中有"官此栒邑"的字样，汉人多认为"栒邑，即豳地"，故许慎《说文》称豳在美阳。但鼎为可移动之物，不足据，同时将美阳（今陕西武功西北）释为古之豳国，与史书记载方位不符，故美阳说不为历代学者认同，唯齐思和先生以该说为是。对于钱穆先生的汾城说，汪受宽先生认为钱穆先生可能受到汉晋人《汉书》注的启发。《汉书·地理志上》右扶风枸邑县下颜师古注曰:应劭曰: "《左氏传》曰'毕、原、酆、郇，文之昭也'。郇侯、贾伯伐晋是也。"臣瓒曰: "《汲郡古文》'晋武公灭荀，以赐大夫原氏黯，是为荀叔'。又云'文公城荀'。然则荀当在晋之境内，不得在扶风界也。今河东有荀城，古荀国。"师古曰: "瓒说是也。此枸读与荀同，自别邑耳，非伐晋者。"汪文认为，不能因为春秋时在今晋南有郇与荀，就断定西周之初枸邑不在今陕西省境。上引汉宣帝时美阳出周鼎，证明所言枸邑应在关中及其附近，不可能在远至千里之外的晋南。况且，古代地名随封（邑）君迁移而移动的现象屡见不鲜。而且钱先生以晋南新绛释邠（豳）国地望，无法圆满地解释《诗经·公刘》及《史记·周本纪》所言与豳相关的溥原、隰原、皇涧、百泉、巘、南岗、漆、沮、渭、梁山、岐等地名。故汪文认为，钱穆"邠城说"实难成立。

汪先生指出，班固去古未远，其豳在西汉枸邑县境的说法为历代经史学者所认同。后来，由于地名的演化及认识的误差，《汉书》豳在西汉枸邑之说，析变出豳在今陕西旬邑县、今陕西彬县，以及今甘肃宁县三种说法。

继而，他又对"豳在西汉枸邑说"析出的三种说法进行了逐一的分析。

关于豳在今陕西彬县说，汪先生认为来自于后代学者的误解。《左传·襄公二十九年》: "为之歌《豳》。"西晋杜预云: "豳，周之旧国。在新平漆县东北。"《元和郡县图志》卷三: "徐广曰: '新平漆县东北有豳亭。'"新平郡治漆县，即今陕西彬县，为旬邑的西边邻县。杜、徐二氏之所以称豳在晋朝时漆县的东北，是因为曹魏至晋初，枸邑县被裁撤，并入漆县，言豳在漆县东北，实际上还是指汉枸邑县境。而唐

《括地志》不加区别，沿袭杜说，称："豳州新平县，即汉漆县也。《诗》豳国，公刘所邑之地也。"称新平就是汉代的漆县，亦即公刘豳邑之所在，将豳说成在唐朝新平县境，这就大错特错了。因为汉漆县与栒邑为邻县，汉漆县境内无豳。只有晋时才并栒邑入漆县，以至豳也一起并入。后代有的学者不加考察，以讹传讹，遂有了豳在今陕西彬县的误说。

关于豳在今陕西旬邑说，汪先生根据《史记·郦商列传》和《汉书·郦商列传》关于郦商在乌氏、栒邑、泥阳打败章邯的三位将军的记载，以为乌氏、泥阳在东经约106.3°，北纬约35.3°自西向东一线，在两战中间的栒邑之战的战场亦大致在相近区域。又查《元和郡县志》"三水县"词条下对"栒邑故城"的解释，胡三省对《资治通鉴》卷四〇中《汉光武帝建武元年》言邓禹"引军北至栒邑"的注释，以及谭其骧主编的《中国历史地图集》西汉栒邑县治所的方位所在，经过以上综合考证分析，《豳国地望考》认为，汉代之栒邑县治不在子午岭南麓的今旬邑县职田乡北，就在子午岭北侧的今甘肃省正宁县南邑、三嘉一带。

《汉书·地理志上》所言之豳乡究竟在西汉栒邑县境内何方位？汪受宽先生认为最可依据的是东汉班彪的《北征赋》。《北征赋》是班彪避难凉州，记写从长安到安定沿途所见所感的一篇赋体散文，具有很强的纪实性特征。班彪《北征赋》中有这样的句子："乘陵岗以登降，息郇邠之邑乡。慕公刘之遗德，及《行苇》之不伤。彼何生之优渥，我独罹此百殃。故时会之变化兮，非天命之靡常。登赤须之长坂，入义渠之旧城。……"汪先生通过对《北征赋》所记班彪行踪的分析，得出如下结论：公刘所居之豳邑地望，在西汉栒邑县北境，今甘肃宁县至正宁县一带，并不在今陕西旬邑县辖境内。

关于豳的具体方位，郑玄在《诗经·大雅·绵》答张逸问之笺语中说："豳地今为栒邑县，在广山北，沮水西，有泾水从此西南行，正东乃得周，故言东西云。"又

庙咀坪 |

说："岐山在长安西北四百里，豳又在岐山西北四百里。"汪文认为，"广山"即群山的意思，当指子午岭。沮水，洛水支流，源于陕西黄陵县与甘肃宁县交界的子午岭东侧。泾水源于六盘山东侧，东流经汉泾阳县（今甘肃平凉西北）、安定县（今甘肃泾川北），在今甘肃宁县南与泥水（今马莲河）汇合后西南流入陕西彬县。依郑玄所言，豳邑的方位在子午岭西和北，泾水由西东流转向西南。流向之转角处附近，即今甘肃宁县境，就是古豳邑所在。就

山公寺碑 |

路程距离而言，郑玄所言与实际也是相符的。②

2005年，于俊德、于祖培先生的《先周历史文化新探》一书由甘肃人民出版社出版，该书围绕先周地望问题，运用考古学、历史学、文学、语言学、民俗学的多种方法进行了综合分析和研究考证，肯定了豳国在今甘肃庆阳市南境，豳邑就在宁县庙咀坪。两位学者生于斯、长于斯，对该区域的地形地貌、民间传说、方言俗语、民间习俗，以及重要的历史文化遗迹，了然于心，又经过数年的查阅研读文献资料和实地踏勘，从宏观到微观，形成了关于庆阳周祖文化的系统见解，以至于《诗经·公刘》《豳风·七月》中所涉及的地名、物名及生活事象，在他们的书中都能找到对应的解释，可谓是新见迭出。由他们的著述，我们认识了庆阳地区先周文化蕴藏的深厚。

由于不窋落脚在庆城，公刘从庆城迁往宁县，故有关不窋和鞠陶的传说多在庆城县，公刘之事多在宁县。据《先周历史文化新探》的作者的搜集和考察，宁县有2处以公刘命名的地方，还有5处公刘庙。

以公刘命名的地方，一为宁县的庙咀坪，历史上称"公刘邑"、"公刘坪"、"古豳国城"。庙咀坪是一座天然形成的高埠城池。马莲河和城北河分别从坪的西东两面流过，把坪东西两岸的二级台地冲刷得很是狭窄，从而使三级台地凌空拔起。坪面距二级台地高约40米，坪南北长800米，南部宽约200米，北部宽约450米。庙咀坪西南低而平缓，东北渐高，东北角有一高约30多米的小山丘，叫太子冢。冢顶为长50米、宽30米的平台，台周有夯筑土层，显然为城中之城。庙咀坪坪北的北山是南义津的边，地势陡峭，山根处是东西两条直抵川底的小沟，把坪与北山断开，中间仅有一车道相连，宋代称为"安定古关"。上山的古道处于深胡同里，下与太子冢东的古道相通。"安定古关"锁定入坪之口，又可控制北上南下之道，真是一夫当关，万夫莫开。东北角太子冢上的城中城像座军寨，处高瞭望，宁县城一览无余。敌人即使攻进宁县城，但要破此城却非常之难。可见，公刘当年选择庙咀坪建筑都邑，是非常有战略眼光的。

宁县另一处以公刘命名的地方叫公刘村，在董志塬的南部。

宁县境内尚有公刘庙5处，公刘祠1处，分别是范家村公刘庙、长官村公刘庙、白店村公刘庙，以及麻线杜家公刘庙和老公老母庙，还有今西峰区温泉乡的老公殿（历史上属宁州）。

据不完全统计，庆阳市有周文化遗址111处。其中宁县就有65处，约占55%以上。宁县的65处周文化遗址，分别是新宁镇5处，焦村6处，和盛5处，太昌4处，新华3处，长庆桥1处，早胜4处，中村3处，政平4处，良平3处，平子2处，米桥7处，九岘2处，金村2处，观音2处，湘乐3处，石鼓1处，春荣5处，南义1处，瓦斜1处，坳马1处。③

另据专家考证，庆阳市的古文化遗址齐家文化之后就是周文化，而无商文化遗址，这是一个特点；另一个特点是庆阳周文化表现出与陕西关中周文化不同的特征。在陕西邰地只能找到先周第一阶段和第三阶段文化，先周第一阶段文化与夏文化在时间上相当，特征上也基本相似，跟随其后的是商文化，再后即先周晚期文化。在扶风、岐山找到的文化，先期是商文化，晚期是先周第三阶段文化，先周晚期文化属性应以商为主，是商周混合型文化。"至于先周历史的中期，应是在以甘肃的宁县为主的庆阳市前原区，这里有大量的先周文化遗址。要说有标志明显的先周文化，就应是这里的文化，因为周族在这里才开始了真正有别于夏和商的先周文化"④。

以上考古资料说明了什么？它们都指向了一个结论——宁县曾是周族文化而且是周族中期文化的中心，周族生活区域的政治中心。史书记载周族在文王之前有过三次迁徙，第一次是不窋之"奔戎狄之间"，第二次是公刘迁豳，第三次是古公亶父迁岐。第三次迁徙地点是明确的，学界无争议。第一次迁徙地点有争议，但方向和范围大体趋向清楚。那么，宁县一带就应是周人第二次迁徙的落脚点了，即公刘迁豳之豳城。

或许正是因为庆阳宁县曾是公刘的"古豳国城"，所以在历史上宁县曾被称作豳州。《辞海》："豳州，州名。①北魏太和二十年（496）改邠州置，因古豳国城得名。治所在安定（今宁县）。辖境约当今甘肃宁县及镇原县南部地区。西魏废帝三年（554）改为宁州。隋大业二年（606）又改豳州，唐初复改为宁州。"

2004年7月，在宁县医院基建工地出土了一块石碑，碑额为蝌蚪篆书《大代持节豳州刺史山公寺碑颂》，分三行竖排。碑为青石质地，出土时已断为两截，下半段及碑座遗失。此碑形制特殊，厚为常规碑的一倍，另一特殊之处是不仅碑身前后有文字，碑侧也刻满文字。碑文开头云："惟大代正始元年岁在甲申七月丙午朔十五日庚申，羽真散骑常侍、安南将军、殿中尚书、泰山公之孙，安南将军、比部尚书、泰山公之子，持节督豳州诸军事、冠军将军、豳州刺史山累，率州府纲佐仰为孝文皇帝立'追献寺'三级。""大代"是北魏早期称谓。"正始元年"是北魏宣武帝元恪元年号，即公元504年。碑文有这样的文字："皇上流恩，迁任此州。宣献垄左，姬教西欣。夙夜追思，不知何以仰助真祖。愚谓三乘福，应之原十善；将来之庆，遂发诚心，开凿禅堂。"意思是，皇上再降圣旨，转任我全权管辖豳州事务，宣扬皇恩，谋划陇东，像公刘教化西戎那样治理此地。昼思夜想啊，不知怎么才能协助圣上造福来自真颜山的拓拔氏。以我愚见，佛家洪福，原来自于十善，为庆祝未来盛世，就萌发了诚心，开始建造追献寺。"（于祖培译）

大代持节豳州刺史山公寺碑颂石碑的出土，为公刘"于豳斯馆"在宁县一带提供了又一佐证。

│ 庙咀坪（侧照）

公刘迁豳,并建都邑于庙咀坪,于俊德、于祖培在他们的《先周历史文化新探》一书中对此有详细的考证。他们认为庙咀坪是后来的称谓,在夏商时当称作"京"。"迺陟南岗,乃觏于京"(《诗经·公刘》),公刘在豳地一个叫作京的地方建立了古豳国都邑,即因地名"京"而称国都为京,又因在国都驻扎军队,遂称"京师",开了我国国都称"京"、"京师"的先河。今天的庙咀坪是一处国家重点保护的仰韶、齐、周、汉、唐、宋、元、明、清文化一以贯之的文化大遗址。坪上农田散布着大量的仰韶文化、齐家文化及周、汉等历代文化的陶片及断砖残瓦,文化层厚达1米~3米,住室面、窑穴、灰坑分布颇多。该遗址未曾发掘过,但已出土的浸透着古远信息的众多陶片,已显示了它极为重要的文化价值。其中,有仰韶文化的彩陶钵、盆,泥质陶钵、罐,夹砂红陶罐;有齐家文化的泥质红陶折肩蓝纹罐、夹砂绳纹红陶鬲、蜂窝绳纹灰陶罐;有周汉文化的泥质灰陶盆、豆,夹砂绳纹灰陶鬲、灰陶罐和灰陶盆、罐、甑等;还有粗绳纹瓦、回纹砖,"千秋万岁"圆形瓦当等。⑤

公刘迁豳已是3600年前的事了,但公刘的深远影响却并没有消失。庆阳民间称公刘为天子,董志塬边,每年三月十八的老公殿庙会,仍是民间盛大的节日。三月十八据说是公刘的生日。笔者在庆阳工作时,差不多每年都要骑自行车去赶温泉老公殿的庙会。那时,周祖陵还没有重修,从西峰城区东往老公殿的土路上,赶会的人络绎不绝,连陕西长武等地的老乡们,也三五成群背着干粮前来拜祭共同的祖先。

我曾写过一首诗,题目就叫《公刘邑》——

最好的纪念是一片玉米林

看他们

一个个劳作的身影

在奉献了饱满和金黄之后
又安详地步入深秋

深秋是老年人午后的心境
也是公刘邑最本色的模样

风抚过一片又一片叶子
这时便有鞭炮声从季节的源头次第传来
那是为你而绽为你而鸣的节日啊
公刘邑
以最隆重的仪式将最平凡的籽粒播种

而你的颜色早已漫过周原
染遍中华民族的皮肤

老公殿就坐落在董志塬东边临近宁县的塬边上。此刻,我仿佛又看见了那座土坯垒成的朴素的庙宇,看见了庙场对面那似扇面排开拱卫而来的远远的攒动着的塬头……

综合学者对历史文献的考证、对地理方位的研究以及考古发现,我认为,公刘迁豳,在宁县建立过城邑,是可以大体肯定的史实。但公刘当年管辖和治理的范围,却远不止宁县一隅。理由将在下节陈述。

迁豳何为

清代赵本植《庆阳府志》记:"庆阳乃禹贡雍州之地,周之先后稷子不窋所居,号北豳。春秋时为义渠戎国,始皇灭义渠,析其地为北地郡，前汉因之。"又载："按《旧志》，不窋后稷之后，值夏德衰乱，窜居北豳，即今之庆阳也。子鞠陶，孙公刘，俱历世为兹人。"

从这里可以看出，庆城是公刘的出生地。路笛先生认为，公刘很可能出生在今庆城县玄马乡樊家老庄附近，后人称此为天子掌。民间传说《鞠陶喜得公刘子》，说的也是这个地方。

另据考，公刘之名与武装有关。公者，尊称也；刘者，"斧钺"或"诛杀"之谓也。周族迁到庆城后，为了草场、土地，难免会和周边戎狄部族发生一些摩擦。大概在鞠陶时，公刘长大成人，鞠陶就让他负责部落的安全保卫工作。于是，公刘就成了周族掌管武器和武装的人，公刘之名也可能就是由此而来的。不窋、鞠陶、公刘，都与某种职业、技艺或功绩有关，这些名字很可能都是后人给予的。后来，公刘接了鞠陶的班，就成了周族的首领。

那么，公刘为什么要离开祖父和父亲的创业之地，带领族人"迁豳"呢？

一些学者对此进行了探讨。《先周历史文化新探》从五个方面探讨了公刘自庆城迁宁县的原因。一是政治因素。当时的庆城一带是戎狄腹地，再往北就是干旱的山区沙漠，已彻底脱离当时的政治中心区，在政治上处于无所作为的死地。对于时刻不忘政治前途的周族来说，暂时栖身可以，长远发展却不能。而以宁县为主体的庆阳前塬区，虽比不上关中，但距关中近，占据它就使周族处在一个进退自如的地理位置上，进可以下关中，退可守庆阳。定都邑于庙咀坪这一险要而安全的地方，族人分布于周围几条塬上，可以利用良好的土地条件，发展经济实力，进而增强政治实力。二是文化因素。周族到庆城正是夏朝末年，值齐家文化晚期。庆阳的齐家文化在经济上（主要指对土地的利用）表现的是半农半采猎经济，这种经济形式与基本农业化了的周族形成较大差异。脱离不太适应的戎狄文化，寻找适合周文化发展的环境与空间，是促成周族迁往宁县的又一原因。三是地理因素。周族早先生活在关中平原，不但经济发展处于极为有利的地理位置，而且视野开阔。到了庆城山区，举目四望全是山峁沟壑，周人心理上难以适应。而庆阳前塬区有十一条大塬，周人来到这里生活，摆脱了环境对人的压抑，心理上得到了宽慰。四是经济因素。庆阳地区前塬区地势平坦，加上马莲河两岸多平缓的二级台地，是非常适宜农耕经济发展的。同时，海拔较低，气候温和湿润，因而在发展经济上对周族有很强的吸引力。公刘占取了宁县周边地区，正是占取了庆阳全区的粮食主产区，从而为周族发挥自己的农业特长，增长经济实力，找到了最佳的展示舞台。五是军事因素。周族在军事斗争失败后亡命到庆城县，成为插入戎狄文化区的一个楔子。这个楔子对戎狄而言如鲠在喉，周族随时都有被消灭的危险。而在以宁县城

| 公刘庙

为中心的这一带立国，在军事上具有有利的条件。其东部为子午岭。子午岭隔断了庆阳地区与陕西延安、榆林、铜川地区的联系。延安、榆林、铜川为山区，东边黄河又隔断了当时夏政权的中心晋南。这两道天然军事屏障，确保夏政权不能自东进攻庆阳地区。庆阳地区南与陕西交界处是泾河，是该地第一道南部军事屏障。越泾河过陕西长武、彬县、永寿、麟游诸县均为山梁沟壑区，构成庆阳南部第二道军事屏障。庆阳西北部是戎狄居住的山区，各自分散独立，尚未形成核心实力。公刘在以宁县为中心的庆阳前塬区立国，是一个军事上相对安全的独立王国，可以放心发展，华夏政权及戎狄皆奈何它不得。

《先周历史文化新探》对迁豳的原因，进行了较为全面的考察。设想周族当时的处境和发展意图，这些分析是很有道理的。

关于迁豳的原因，有一种影响较大的说法，就是夏桀时公刘为避难而由邰地逃往豳地。在一些教科书中，也采取了这一说法或与之大体相近的说法。提出这一说法的依据是一些史书的相关表述。如《史记·刘敬公孙通列传》载："公刘避桀居豳。太王以狄伐故去豳，杖马棰居岐。"《史记·匈奴列传》："夏道衰，而公刘失其稷官，变于西戎，邑于豳。"《汉书·匈奴传》受《史记·匈奴列传》的影响，也使用了相同的说法。司马迁作《史记》时，保留了当时关于先周历史的多种说法，而在记写周族历史的主要文章《周本纪》中，则对周族历史有更清楚完整的记载。而一些学人没有仔细辨析这些相关记载，仍把"避桀居豳"当作了史实；又根据"夏道衰，公刘失其稷官，变于西戎，邑于豳"句，推断出自然是由邰地逃往豳了。这一说法的错误有三：一是对之前不窋和鞠陶的存在视而不见；二是把不窋失其稷官而奔戎狄之间移位到公刘身上了，整整错了两代人；三是把公刘由不窋城迁往豳地，说成是由弃所分封的邰地迁往豳地了。

关于迁豳的原因还有一种说法，就是当时的先民还不懂得给农田施肥的道理，土地连续耕种几年之后，土壤失去了肥力。于是，不得不迁往他地，寻找新的可耕种的土地。公刘迁豳是因为原来的土地已无法耕种，才去豳地另求发展。这一说法也有些许道理。笔者在陇东生活过多年，在地广人稀的山区就有撂荒轮作的生产习俗。笔者所在的军垦农场在上世纪70年代还是广种薄收，山坡地播种时朝天一把籽，随后就不用管了，既不施肥，也不除草，亩产长期徘徊在几十斤上下。然而，从《公刘》一诗起篇的"笃公刘，匪居匪康。迺场迺疆，迺积迺仓，迺裹糇粮。于橐于囊"看，当时尚未出现粮食危机的现象。因此，原耕地肥力丧失必须另寻新的耕地以发展农业，似不应成为迁豳的主因。

我认为，公刘迁豳是有其历史必然性的，其主要原因是出于战略意义的考虑。我们知道，由于夏孔甲的荒淫腐败，不窋失去了后稷之官，并且遭到政治迫害，不得已才带领族人逃到了远在泾河上游的"戎狄之间"。因此，周人的心里始终有一个情结，就是"何时才能打回老家去"。不窋到了"戎狄之间"的今庆城一带后，"不敢怠业"，"奕世载德，不忝前人"。经过不窋、鞠陶两代人的发奋图强，艰苦创业，到公刘时，已积累起相当好的经济基础和人脉、族缘关系。

然而，庆城一带的发展空间毕竟是有限的，甚至有些局促。加上当时的气候环境原因，北部山区还属于苦寒贫瘠地带。在这里暂时栖居或者偏安是可以的，但要在此成就霸业乃至于王业，是绝对不行的，必须南下东进寻找更大的发展空间，方可成就大业。周族是一个有着雄图大略的部族，绝不可能长期偏安于一隅。一旦时机成熟，加上伟大领袖人物的出现，南下东进是必然的。

如上所述，经过不窋、鞠陶两代人的努力，周族有了相当好的经济基础和人脉族缘关系，从内部来讲，南迁的条件已经成熟。正在这个时候，机会来了！

公刘"避桀居豳"有待商榷，但公刘在桀时迁豳，却是一个大体可以肯定的史实。公刘生活的年代正是夏朝末年桀王当政的时代。夏桀荒淫无道，众叛亲离，内外矛盾纷争不断，社会秩序十分混乱，最高统治者自顾不暇，政权处在风雨飘摇之中。雄才大略的公刘正是瞅准了这一时机，发动了一次举族武装大迁徙，沿马莲河南下，成功地实现了政治中心的南移和疆土的扩张，继而由其子庆节建立了豳国。

这是周族发展史上一次具有划时代意义的华丽转身！

一首具有史诗性质的英雄颂歌

史书所载"公刘避桀居豳"、"夏道衰，公刘失其稷官，变于西戎，邑于豳"，很自然地会让人以为公刘是由周族的封地邰迁往豳的。公刘由邰迁豳说之误，上文已做辩驳，此处不赘。

还有一种观点以为，大约在夏桀之时，后稷的儿子不窋失其职守，自窜于戎狄。不窋生了鞠陶，鞠陶生了公刘。公刘回邰，恢复了后稷所从事的农业，人民逐渐富裕。"乃相土地之宜，而立国于豳之谷焉"（朱熹《诗集传》）。这一观点采用折中的办法，以圆"公刘自邰迁豳"之说，但却不知历史的根据何在。与之相反，《史记·周本纪》明确记载"公刘虽在戎狄之间，复修后稷之业，务耕种，行地宜"，这说明公刘的活动依然是在"戎狄之间"，并没有回到邰地。不窋、鞠陶、公刘三代所在的"戎狄之间"（今庆城一带），号北豳。因此，《诗经·公刘》所记述的公刘迁豳是从北豳迁往豳。也有学者认为，"不窋奔北豳，公刘迁南豳"。

但公刘迁居、庆节立国之"豳"，地域范围较之北豳，已经有了很大的扩展。征诸文献，参以民俗，证以考古，公刘旧邑之豳地，"当在子午岭西麓南段及东南，即今甘肃之庆阳（庆城）、合水、宁县、正宁（古北豳）及陕西省之彬县、旬邑、永寿、长武及相邻的甘肃省之泾川、崇信（古南豳）一带广大范围"。⑥如果仅仅只是从庆城迁到庆阳地区的前塬，即宁县一带，依然是难成大业的，因为地域虽有所扩展，依然显得狭促。而且，公刘迁豳不是一次性完成的，有一个继续扩展的过程。

《诗经·公刘》是一首歌唱英雄的颂歌，也是一首记述早期周族开疆拓土、发展农业的史诗，它生动地展现了公刘率领族众南下豳地开疆创业的盛景。

《公刘》全诗共六章，每章六句，每章都以"笃公刘"开头。笃，诚实忠厚的意思。从这种赞叹的语气来看，必是周之后人所作。朱熹《诗集传》认为该诗是召康公整理出来以教育将要执政的成王，使其厚以待民的。"旧说召康公以成王将莅政，当戒以民事，故咏公刘之事以告之曰'厚者，公刘之于民也'。"以此推断，召康公之时，民间已有关于公刘的传说或民歌流传了。于俊德、于祖培则仔细考论了《公刘》一诗所记写的地形地貌和周族当年的迁徙路线，认为与今董志塬和宁县的地理环境均是吻合的，而且细节真切，没有《生民》《皇矣》等几首史诗所表现出来的天命观，《公刘》完全是来自于生活的真实的记录。因此，他们认为《公刘》当是当时随公刘迁徙人员中的文人所作。这首诗在先周宗庙祭祀中就可能在咏唱了，在传播中不断加工，以适应祭祀的需要，因此韵律显得圆润。

笃公刘，匪居匪康。廼场廼疆，廼积廼仓，廼裹糇粮。于橐于囊，思辑用光。弓矢斯张，干戈戚扬，爰方启行。

诗歌首章写公刘出发前的准备。这段诗的意思是，诚实忠厚的我祖公刘，不贪图安康和享受。他给族众划分田界，治理田畴，取得了庄稼的丰收。场里堆满了收获的庄稼，仓里堆满了粮食。就要出发了，人们做好了路途食用的干粮，大袋小袋都装得满满的。大家和睦团结，为生活在这样的群体里而感到荣光。这是一次武装迁徙，除了备足干粮，还要佩带弓箭，拿上戈予、刀斧和盾牌。出发了，向着前方大步行进。

笃公刘，于胥斯原。既庶既繁，既顺廼宣，而无永叹。陟则在巘，复降在原，何以舟之？维玉及瑶，鞞琫容刀。

诗歌采用了复沓的句式，第二章仍以"笃公刘"开始，三至六章也是如此。诚实忠厚的我祖公刘，率领族众登上了大原。他仔细察看塬上的地形，人马众多紧紧跟随。人心日顺，心里好舒畅，再没有叹息和烦忧。有人考证，这里的"斯原"就是董志塬，是公刘迁豳的必经之地。董志塬至今仍是黄土高原保持最完整的一块，面积960平方公里。庆阳人以此为自豪："八百里秦川，不如董志塬边！"公刘迁豳本来就是为发展农业生产寻找更好的环境，设想公刘带领族众登上董志塬，看到如此开阔的土地，众人必然是一片欢欣。下了高原，来到了河川里，登上一座山头仔细观察，又走下山头，便来到川里的平地上，再仔细踏勘一番。他上下奔忙，行色匆匆，身上的玉佩丁当作响，刀鞘上镶嵌的玉饰闪耀着光华。"何以舟之"的"舟"，大多解作"周"，环绕、佩戴之意。而《先周历史文化新探》则认为，这里的"舟"字不作佩戴讲，而是渡水之舟。根据诗先言陟巘，复言降原，再言涉水，是依次叙说行进路上的三种地形。若从形象和意境的角度看，这三句诗是以对话形式展示出一种特殊的富有诗意的情境。"维玉及瑶，鞞琫容刀"，是随从人员正在倾情观察公刘的形神仪表时，突然被筹划渡河的公刘提问，卒不及思，竟以自己倾情关注之物错答，答非所问，倒形成了表现当时特定情景的精妙之笔。"何以舟之"，其方向也合诗意，指渡马莲河。此论颇有创见。设若豳就在宁县，此论也是符合地情时境的。

笃公刘，逝彼百泉，瞻彼溥原，廼陟南冈，乃觏于京。京师之野，于时处处，于时庐旅。于时言言，于时语语。

忠诚厚道的我祖公刘，站在塬上仔细打量，寻找塬边有水的地方，好安顿族人的居住之地。高原不像平原那样饮水方便，要打深井才能解决人畜饮水问题。大约当时还没有发明打深井的技术，所以在高原上开垦种植庄稼是可以的，居住则必须在塬边或河谷地带靠近水源的地方。接着又登上了南面的山冈，京的地貌尽收眼底。这可真是一个好地点啊，于是就把城邑选定在京这个地方。在京建造了宫室，众人也在京的周边建造了居处。新的豳地生活开始了，人们又说又笑其乐融融。

笃公刘，于京斯依。跄跄济济，俾筵俾几。既登乃依，乃造其曹。执豕于牢，酌之用匏。食之饮之，君之宗之。

这一章记写公刘在京建立了都城之后，开始订立经制，制定礼仪规范，以整属其民，建立社会秩序。也写了迁豳成功之后，宴饮喜庆的欢乐气氛。忠诚厚道的我祖公刘，定都京师立鸿猷。大摆酒席宴请群属，一个个端庄威仪依次入席。先告祭猪神求其保佑，再去圈里抓来肥猪，宰杀烹煮做成佳肴。用葫芦瓢斟上美酒，痛快地喝呀吃呀，个个心情舒畅精神饱满。众人衷心敬佩公刘的才德，拥戴他既做族长又做君主。"君之宗之"，可见这时的周族社会已经不再是纯粹的氏族制形态，已开始出现了国家的雏形。

> 笃公刘，既溥既长，既景廼冈。相其阴阳，观其流泉。其军三单，度其隰原，彻田为粮。度其夕阳，豳居允荒。

这一章，从豳邑欢乐的宴庆氛围中抽出笔来，续写公刘在发展农业生产和军事管理以及经济制度方面的实践行为。忠诚厚道的我祖公刘，通过观察日影的长短变化，定其方位，丈量平原和山冈。山北为阴，山南为阳，他都亲自去踏勘考察，以查明水源的所在以及水的流向，为发展生产掌握第一手资料，以便制定合理的规划和措施。"其军三单，度其隰原，彻田为粮"。这几句是写公刘的军事社会组织和田亩管理制度等。"度其夕阳，豳居允荒"，指再到西山一带去查看，豳的土地好广阔呀，公刘带领族众终于找到了可以安居和发展的好地方。

关于"其军三单"，历来争议较多。张建军教授在他的《从氏族、部落到雏形国家——〈诗经·大雅·公刘〉考论》中，就此进行了集中的考究和论析。他先是比较了历代各家的说法：

《毛传》云："'三单'，相袭也。彻，治也。"《郑笺》云："邰，后稷上公之封。大国之制三军，以其余卒为羡。今公刘迁于豳，民始从之，丁夫始满三军之数，无羡卒也。度其服与原田之多少，彻之使出税以为国用。什一而税为之彻。鲁哀公曰：'二，吾犹不足，如之何其彻也'"。

孔颖达《正义》曰："《地官·小司徒》云：凡起徒役，无过家一人，以其余为羡，羡谓家之副丁也。今言其军三单，则是单而无副。故知公刘迁豳，民始从之，其众未多，丁夫始满三军之数，无复羡卒，故称单也。……言'度其隰原'，是度量土地，使民耕之也。下即云'彻田为粮'，明是彻取此隰原所收粟以为军国之粮也。且彻与《孟子》'百亩而彻'文同，故知彻之使出税以为国用。……如《孟子》之言：夏曰贡，周曰彻，彻乃周之税法。"

朱熹《诗集传》曰："单，未详。彻，通也。一井之田九百亩，八家皆私百亩，同养公田，耕则通力而作，收则计亩而分也。周之彻法自此始。"

姚际恒《诗经通论》云："单，尽也，谓三军尽出于是也。古'寓兵于农'之义如此。"又曰："彻，《毛传》训治。按，井田出于三代，商人行助法，公刘效而行之，故于此治田为粮，以为国用。助法，一夫七十亩，公刘想亦同。……总之，商、周皆有公田，故治公毕然后敢治私，故孟子读'雨我私田'之诗，而谓'虽周亦助也'。"

马瑞辰《毛诗传笺通释》曰："今按《逸周书·大明武》篇，'隳城堙溪，老弱单处。'孔晁注：'单处谓无保障。'是单即单处之谓。此诗'彻田为粮'，承上'度其隰原'言。'豳居允荒'承上'度其夕阳'言。则知'其军三单'亦承上'相其阴阳，观其流泉'言之。谓分其军或居山之阴，或居山之阳，或居流泉之旁，故为三。公刘迁豳之始，无城郭保障之固，故其军为三单耳。"

张文认为，诸家说法基本上都将"其军三单"与"彻田为粮"联系起来，是有启示意义的。其中姚际恒、马瑞辰都提到"古者寓兵于农"的看法，马瑞辰还说"古者寓兵于农，制军所以受其田"，已经接近了问题的核心。

该文又引述了当代学者提出的一些新的看法。如丁山认为，单指旌旗，"其军三单"类似于商人的左右中三军。于省吾、杜正胜则认为"其军三单"是指公刘率领周人经过三次战斗，方占据豳地。许倬云在《西周史》中说："在胥与豳，周人进行了宗教仪式，'君之宗之'，亦即建立了族长的权威。这是政治权威的形成。军事上周人组织了三个作战单位。……这是氏族军事化的组织形态，颇与满洲初有八旗相似。经济方面，公刘实行'彻田为粮'……如前文所说，'三单'可能指组织周人为三个作战单位，也是管理单位，周人在公刘时代大约是一个由族长率领的武装移民，到达豳地后，如将土地分配给各人，整治田亩，以求定居。"

张建军先生认为，许氏之说，以满洲初建八旗作比，是很有启发意义的。他在分析了满族（后金）始建八旗的情况后，认为公刘时代"其军三单"之制，其实和满洲之"八旗"有相当的可比性。周人当时的情况虽与后金建国时满洲情况不尽相同，但有些情况还是可以互相发明的。《毛传》云："笃，厚也。公刘居于邰，而遭夏人乱，追逐公刘。公刘乃辟中国之难，遂平西戎而迁其民，邑于豳焉。……张其弓矢，秉其干戈威扬，以方开道路，去之豳。盖诸侯之从者，十有八国焉。"这里的"十有八国"，就是十八个与公刘部落结成联盟的部落。正是因为公刘的出色表现，所以开始只是跟随公刘部落迁移的，并不一定有实际统属关系的"十八诸侯"的人众，才在定居豳地后即举行的宗教仪式上，共同推举公刘为大首领。

据此，张建军教授认为："公刘显然不仅是一个精明干练之人，而且很有开拓精神，在被众人公推为首领（大酋长）之后，就着手对各部人众进行整编，'其军三单'的编制，其意义与努尔哈赤建立八旗相仿，都是将各个分散的氏族、部落实行统一编制，统一管理。'单'当如丁山所说，'其军三单'就是将全体人员按三种标志的旗帜，分为三大部，既是军事作战编制，也是管理和劳动的编制。"⑦

北京师范大学历史学教授刘家和认为，"其军三单"的军不是指其人员，而是指其营地。"单"是与海、野相对举的一种地形。"单者，堵也"（《越绝书·吴内传》）。"其军三单"，就是说营地设在三块台地上。

于俊德、于祖培先生认为，"'其军三单'，大概指在逐步占用戎狄地盘时，占用一片，安置一片，防守一片。在军队的使用上是一军进攻作战，一军防守已占地区边界，一军用于休息或劳动。如此安排，军队劳逸结合，既使作战军队有旺盛的斗志，又在互相轮换中得到休整。作战的族人不长期驰骋疆场，有机会回家与家人团聚。这是军制的一种新做法，非常适合民即兵、兵即民的周族武力殖民需要。"⑧

"其军三单"，标志着公刘时代一种军事组织和社会组织的建立。"度其隰原，彻田为粮"，指公刘勘察低洼处平地，彻出这部分土地作为集体的公共财产，即公田。考察泾水上游黄土高原沟壑区的地形地貌，这里的"隰原"当指部分河谷川地。

笃公刘，于豳斯馆。涉渭为乱，取厉取锻。止基廼理，爰众爰有。夹其皇涧，溯其过涧。止旅廼密，芮鞫之即。

这是《公刘》的最后一章，写公刘率领众人涉渭取材，建立永久性居室。忠诚厚道的我祖公刘，确定了营地，彻出公田，开始在豳地修建居室。涉过渭水，取来石材。选择好基地进行治理，民康物阜，人心欢愉。皇涧、过涧两岸住满了百姓，又向芮水一带发展繁衍。

公刘迁豳，是周族史上的一个大事件。对此，《史记·周本纪》是这样记载的："公刘虽在戎狄之间，复修后稷之业，务耕种，行地宜，自漆、沮度渭，取材用，行者有资，居者有畜积，民赖其庆。百姓怀之，多徙而保归焉。周道之兴自此始，故诗人歌乐思其德。"

如前所述，公刘"迁豳"有一个逐渐扩张的过程，随着这个过程的延伸，其势力范围向周边特别是关中方向扩大。周族先是在今宁县建立了都邑。在宁县站稳脚跟之后，西南方向扩展到崇信、灵台及泾川、灵台间的芮河、黑河流域，向南扩展到旬邑、长武、彬县一带，"芮鞫之即"即透露出了这方面的信息。既然都邑建在宁县，很可能就在今庙咀坪，那么怎么又会在几百里外"涉渭为乱，取厉取锻"呢？如果我们把公刘迁豳理解为一个非一次性完成的行为，就不难理解"涉渭为乱，取厉取锻"了。司马迁考察了扩张后的豳地的地理环境，认为是"自漆、沮度渭"获取建材，自有其根据在。周人的势力范围扩大到了旬邑、彬县一带，照常理需要在这些地方建设馆舍和居室，那么，渡漆水和沮水而取南山之石材，则是极自然的事。

至于庆节之后到古公亶父迁岐之间，豳邑是不是再次南迁了，有这种可能性，但是还需要考古发现来证实。

《大雅·公刘》是一首歌颂周先祖公刘的英雄颂歌，又是一首具有史诗性质的叙事长诗，还是一篇关于先周历史的重要文献，受到历代学者的重视。这首诗容纳了许多重要信息，如"干戈戚扬"、"于胥斯原"、"乃觏于京"、"君之宗之"、"其军三单"、"彻田为粮"等，对于研究先周社会形态，具有极其重要的价值。

郭沫若的《中国史稿》指出："周人的诗歌《公刘》描写了公刘带领族人迁居于豳的情景。当时周人满装干粮，携带弓矢干戈，一路观察地形，选定了豳这个有丰富水源的沃野，开垦耕地从事农牧。从此以后，周人的社会生产日益增长，社会分工日渐扩大，阶级分化过程便开始了。……周人迁到岐山定居下来以后，在古公亶父的率领下……开始从原始社会跨入阶级社会，逐渐强大起来。"⑨公刘迁豳之后，开始了阶级分化，但依然处于原始社会末期，尚未进入国家阶段。

也有学者表示了不同的看法，认为公刘时代豳已进入国家形态。孙作云《诗经与周代社会研究》认为，周人自不窋时开始，即已经进入国家阶段，"公刘是一个国王"，"不窋也是一位国王"。⑩杨宽《西周史》也认为，公刘时代周人已经进入国家阶段。他说："首先值得注意的是，在周族早期世系中，公刘第一个称'公'，后来有公非、公叔祖类、公亶父……或者说'公'是爵名（伪古文《尚书·武成》孔传），或者说'公'是号（《公刘》正义引王肃说）。从后来季历称王季或称公季来看，'公'和'王'应该同样是称号。公刘之称'公'，该是当时周族人对国君的尊称。从公刘第一个称'公'来看，周族创建国家当在公刘时代。""公刘不仅是周族所建立的国家的第一个国君，而且是第一个有计划地营建国都的人。"⑪

而张建军则通过对《公刘》一诗的解读，认为"公刘时代，周人正生活在由氏族、部落阶段向国家阶段过渡的时期，公刘本人所具有的是由部落大酋长向国王过渡的一种身份，当时的周人处于由部落社会向雏形国家过渡的一种形态下。"张建军对《公刘》一首中的"其军三单"和"彻田为粮"进行了重点考释，并比照满洲始建八旗的情况和美国当代人类学家马文·哈里斯《文化的起源》中对三种早期人类社会组织的前国家形态的研究，指出："正是因为公刘'其军三单'、'彻田为粮'，周由前国家形态往雏形国家迈出了第一步，公刘本人也从'大人物'向国王更走近了一步。"⑫

联系《公刘》一诗所反映的公刘时代的组织管理形式和"彻田"制

| 公刘（剪纸）

度，以及作为氏族长的公刘和下属及民众的关系来看，张建军先生的概括是比较准确的，公刘时代已经超越了前国家形态，正在向雏形国家迈进。"公刘迁豳"，是周族发展史上一次重大的社会进步。

《豳风·七月》所反映的农业生产状况

公刘迁豳，为族人找到了一块可以长期居住和发展的好地方。他率领族众垦殖荒地，营造城邑和居室，"复修后稷之业"，并建立了适应当时社会经济状况的军事和社会管理组织，以及田赋制度。这种代表先进生产力的举措，使周族出现了兴旺的气象。不久，便正式建立了豳国。豳国在泾河中上游相传十代经营数百年，直到太王古公亶父，才举国南下周原，向关中地区发展。周族在豳地得到了很好的发展，特别是使始祖后稷开创的农业经济出现了繁荣的景象。《豳风·七月》便是对这一时期豳地农业生产状况的生动写照：

七月流火，九月授衣。一之日觱发，二之日栗烈。无衣无褐，何以卒岁？三之日于耜，四之日举趾。同我妇子，馌彼南亩，田畯至喜。

七月流火，九月授衣。春日载阳，有鸣仓庚。女执懿筐，遵彼微行，爰求柔桑。春日迟迟，采蘩祁祁。女心伤悲，殆及公子同归。

七月流火，八月萑苇。蚕月条桑，取彼斧斨。以伐远扬，猗彼女桑。七月鸣鵙，八月载绩。载玄载黄，我朱孔阳，为公子裳。

四月秀葽，五月鸣蜩。八月其获，十月陨萚。一之日于貉，取彼狐狸，为公子裘。二之日其同，载缵武功。言私其豵，献豜于公。

五月斯螽动股，六月莎鸡振羽。七月在野，八月在宇，九月在户，十月蟋蟀入我床下。穹窒熏鼠，塞向墐户。嗟我妇子，曰为改岁，入此室处。

六月食郁及薁，七月亨葵及菽。八月剥枣，十月获稻。为此春酒，以介眉寿。七月食瓜，八月断壶，九月叔苴。采荼薪樗，食我农夫。

九月筑场圃，十月纳禾稼。黍稷重穋，禾麻菽麦。嗟我农夫，我稼既同，上入执宫功。昼尔于茅，宵尔索绹。亟其乘屋，其始播百谷。

二之日凿冰冲冲，三之日纳于凌阴。四之日其蚤，献羔祭韭。九月肃霜，十月涤场。朋酒斯飨，曰杀羔羊。跻彼公堂，称彼兕觥，万寿无疆！

《七月》是《诗经》"风"类诗歌中最长的一首诗，也是最为生动、朴素地表现周人豳地农事活动的一首诗。范文澜的《中国通史简编》指出："周人传说弃是开始种稷和麦的人，因此尊他为农神，号称后稷。弃子孙世世重农，公刘迁居豳（陕西旬邑县），改善农业颇有蓄积，部落兴旺起来，公刘到古公亶父凡十代都住豳地。《诗经·豳风·七月》篇就是追述周先公居豳时的农事诗。"

关于《七月》的成诗年代，《毛诗序》云："周公遭变，故陈后稷先公风化之所由，致王业之艰难也。"朱熹《诗集传》进一步认为《七月》是"周公作诗一篇以戒成王"。于是，后人多认为该诗为周公所作。清代方玉润在《诗经原始》中质疑此说，认为"豳仅七月一篇，所言皆农桑稼穑之事，非躬耕陇亩久于其道者，不能言之亲切有意也如是。周公生长世胄，位居冢宰，岂暇为此？且公刘世远，亦难代言。此必古有其诗，自公始陈王前，俾知稼穑艰难并王业所自始，而后人遂以为公作也"。又在《大雅·公刘》后引金仁山的观点说："七月及公刘皆豳之遗诗。"清人崔述在他的《丰镐考信录》中也表述过相类观点："玩此诗醇古朴茂，与成康时诗皆不类……然则此诗当为大王以前豳之旧诗，盖周公述之以戒成王。而后世误为周公所作耳。"

三位学者所言极是。

关于周公与《七月》的关系，张应斌教授认为《七月》属于《豳风》，关于周公的六首诗也在《豳风》中，周公与《豳风》和《七月》必然有某种特殊的关系。对于这种"特殊关系"，他在《七月：周族的农业史诗》一文中做了如下的考释：

这关系在周公与周族祖庙和祭祀的特殊联系上。周公旦是西周初年协助周武王开创周朝和协助成王巩固初建的王朝的开国元勋和王室成员，但是周公身体有残疾。《荀子·非相》说"周公短"，《荀子》又说："周公偻背。"夏、商、周时期的巫师多由残疾人充任，周公也因为佝偻之疾而成为祭神大师，主管祭祀鬼神的工作。由于周公是开国重臣，故他的子孙被封在鲁国为君；又由于周公是祭神大师，故他的采邑在周人的故都——岐周。岐周是周族历史上第三个时期的故都。大约在周文王、周武王修建丰、镐之后，作为周人发祥地的岐周的祖庙还保存着，周人始祖弃和其他祖先如公刘等的宗庙还在岐周，并且周公主管这些祖庙的祭祀。《七月》当是周公在岐周祭祀公刘的祭歌之一，它由周公使用和承传。大约在周公死后，在岐周的人便把《七月》与《鸱鸮》等六首周公的诗并在一起，名为《豳风》。这便是豳国在周代并不存在而《诗经》中又有《豳风》的原因，同时也是《七月》与周公的关系和周公之诗归入《豳风》的原因。⑬

20世纪90年代以来，庆阳地区的一些学者也对此纷纷发表意见。他们结合当地的民俗、歌谣、谚语研读《七月》，认为该诗"古拙浑朴，正是远古民歌与农事谣谚结合以言十二月农事生产、生活的典范"。他们中的一些人还对《七月》反映的历法进行了研究，认为"《七月》独特的历法，从一个侧面体现了周人世代传承的农耕文化与北地义渠戎族的狩猎文化的交融，也构成了北豳先周文化的一大特色。考察所有周代史诗，能够与这一文化特色完全吻合的唯有《豳风·七月》一首，这也足以说明《七月》是反映先周三代（不窋、鞠陶、公刘）在北豳生活的史诗"（见齐社祥文）。

《七月》以当年豳地周人一员的口吻，以写真的笔法，记叙了一年四季的劳动生活，涉及耕种、狩猎、收获、打柴、制衣、采桑、清扫、取冰、过节、祭祀方方面面。这其中既有个人的活动，也有集体劳动的场面；既写了家庭生活，也有社会管理层面的内容；既写了男子们的劳务，也写了女子们的工作。草木禽畜、瓜果稻麦，样样种种，堪称周人居豳时期农事生活的百科全书。正如姚际恒《诗经通论》所言："鸟语虫鸣，草荣木实，似《月令》；妇子入室，茅绹升屋，似《风俗书》；流火寒风，似《五行志》；养老慈幼，跻堂称觥，似庠序礼；田官染织，狩猎藏冰，祭献执宫，似国家典制书。其中又有似采桑图、田家乐图、食谱、谷谱、酒经。一诗之中，无不具备，洵天下之至文也！"凡春耕、秋收、冬藏、采桑、染绩、缝衣、狩猎、建房、酿酒、劳役、宴飨，无所不写，"无体不备，有美必臻，晋唐后陶、谢、王、孟、韦、柳田家诸诗，从未臻此境界"。是的，就表现生活的丰富程度而言，后世之田园（农业）诗，未有及《七月》者。个中原因，也因后世田园诗多为短制，且把写作的重心转到了抒情上来有关。但不管怎么说，在一首不到百行的诗歌中，包容了如此丰富的生活内容，的确令人惊叹。难怪孔老夫子要这样教导他的学生，也是教导所有的年轻人：

小子何莫学夫诗？诗，可以兴，可以观，可以群，可以怨。迩之事父，远之事君，多识于鸟兽草木之名。

（《论语·阳货》）

《七月》首章以"七月流火"起始，意思是"七月里大火星儿向西流"。"火"，星名，即心宿。七月的黄昏，看见大火星挂在西方天空，以此起兴，这是典型的豳地民歌风味儿。这里必须说到历法。当时，存在着几种历法，如夏历、殷历、豳历等。豳历，可视为周历的前身。高亨《诗经今注·七月》附录注："七月流火，《左传·昭公七年》：'梓慎曰："火出于夏为三月，于商为四月，于周为五月。"'可见周代及其以前确有过不同的历法，豳历又是一种。由此篇观察，豳历是由十个数目记十二个月份，因而在记月上不得不采用两种形式："一种是'某之日'，如'一之日'、'二之日'等；一种是'某月'，如'四月'、'五月'等。这是很特殊很古拙的一种记月方法。豳历的岁始是'一之日'，岁终是'十月'。一岁的始终与周历相当，可能是周历的前身，但我们不能根据这一点断定《七月》是武王灭殷以前的作品，因为周历颁行以后，各地方的别种历法，还是长期存在着。"⑭

夏殷周豳四历对照如下：

月建	夏历	殷历	周历	豳历
寅	正月	二月	三月	三之日
卯	二月	三月	四月	四之日
辰	三月	四月	五月	蚕月
巳	四月	五月	六月	四月
午	五月	六月	七月	五月
未	六月	七月	八月	六月
申	七月	八月	九月	七月
酉	八月	九月	十月	八月
戌	九月	十月	十一月	九月
亥	十月	十一月	十二月	十月
子	十一月	十二月	正月	一之日
丑	十二月	正月	二月	二之日

豳历的"一之日"、"二之日"、"三之日"、"四之日"分别对应夏历即今俗称农历的十一月、十二月、正月、二月，农历三月豳历称"蚕月"，四至十月与农历四至十月相同。

明白了豳历的月计方法，再结合陇东的风土民俗和农村的生活、生产习惯，对《七月》所记述的内容就容易理解了。

首章写七月里黄昏，大火星儿挂在西边天上。九月秋寒到，妇女们开始赶制冬衣。十一月（一之日）北风吹得树叶哗啦啦响，十二月（二之日）寒风阵阵刺骨凉。受苦的人儿，缺衣少布，可怎么度过年关呢！正月里冬闲，农人们开始整修农具。二月里天气回暖，人们走出家门，到田间忙春耕。这时节，女人孩子也不松闲，晌午送饭到地头，督工的田官见了心欢喜。

第二章以"七月流火，九月授衣"复沓，这里不是重复，是民歌的常用手法。三月里太阳暖洋洋，黄莺儿在枝头歌唱。姑娘们胳臂挽着竹筐，走在乡间小路上。采下片片柔嫩的桑叶，它们是春蚕的好食粮。这时太阳缓缓升起在东方，采蒿菜的人儿如水流淌。姑娘们心里却暗自悲伤，怕那些公子哥儿来把女儿家抢。

第三章继续上一章的内容。七月里火星挂在东方，八月里芦花在水边开放。蚕月里要提前修桑，剪去老枝，留下嫩条，鲜嫩的桑叶采摘忙。七月里伯劳鸟在树间对歌，八月里女子们纺纱织布忙。染成黑色或染成黄色，我染的大红颜色最鲜艳，好为公子缝制衣裳。

第四章写四月到十二月的农事和狩猎活动。四月里远志把穗儿抽，五月里天气热了知了声声叫不休。八月里庄稼成熟了，家家户户收割忙。十月里秋风凉，落叶纷纷满地黄。十一月打狗獾，猎得狐狸皮剥下，为那公子做裘装。十二月来人欢聚，继续练武长功夫。留下小猪自家吃，大猪献给公家去。

乡村的生活，少不了与昆虫打交道。细心的作者观察到那些昆虫们，随着季节的变化也有不同的活动规律。第五章写到五月里蚱蜢抖动大腿声声叫，六月里纺织娘双翅颤悠悠。七月里蟋蟀在郊野活动，八月里在屋檐下叫个不停，九月里怕冷躲进了屋子里，十月里竟藏到床下赶不走。一岁快要结束了，家家户户清扫垃圾熏老鼠。天气越来越冷了，把北面的窗户塞上，用泥把门缝糊严实，别让寒风吹进来。干完活招呼老婆和娃娃，新的一年就要来到了，可以在家里好好歇几天了。

第六章写水果和吃食。六月里野李葡萄尝新鲜，七月里烹煮葵菜和大豆。八月里枣红拿竿打，十月里稻谷收到家。新谷舂米酿春酒，酒献尊长祝长寿。七月里瓜熟味道好，八月里菜地摘葫芦，九月里收拾火麻把籽留。多采苦菜砍柴禾，为了糊口忙不够。

第七章继续写农事活动。九月里整好打谷场，十月里田中把庄稼收。有小米、高粱和谷子，还有粟麻、大豆和小麦。感叹我们种田人，收完庄稼没消停，又为公家修宫室。白天郊野割茅草，夜晚加工搓麻绳。茅草盖到屋顶上，春来又要去播种。本章极写田家劳动之艰辛。

第八章，也是最后一章，写年末岁初祭祀宴饮的情景。腊月里凿冰响叮咚，正月里冰块窖里藏。二月里取来冰块行祭礼，羔羊韭菜敬献上。九月里天高气又爽，十月里忙完农活扫清场。酒壶成双举过头，斟满美酒献客尝。米酒本是新酿就，宰杀羔羊争献酬。登上公堂来聚会，酒杯交互喜洋洋，共祝福寿万年长！

读《七月》，就像走进了古代陇东农耕社会。虽然是3000多年前的陇东，但一切却又是那样的熟悉和亲切，因为诗中所反映的生活内容，有许多在今天的陇东依然存在。比如那些粮食和油料作物、瓜果菜蔬，今天还是陇东的主产；就是那些动物和昆虫，也和这块土地的主人一样，从古代走到了今天，成了相依几千年的"邻居"。特别是那些习俗，比如"馌彼南亩"、食"瓜"衣"褐"、"塞向墐户"、"八月剥枣"、"宵尔索綯"、"朋酒斯飨"等，依然为今天的陇东百姓所沿袭。"二之日凿冰冲冲，三之日纳于凌阴"，今天陇东有些地方，还有腊八日去河里往自家院子里"拉冰马"（冰块）的习俗；有的地方叫"拉金马驹"，即腊八早上去河里或水泉挑水时，要凿一块圆形状的冰块，中间穿上绳子提回来挂在牲口槽头，预示来年六畜兴旺。环县甜水堡一带，也有腊月里将甜水冰块藏进冰窖以供来年之用的储水习惯。在没有实施动物保护法之前，陇东山地还保存着冬季打野猪、猎狐狸的狩猎遗风。

范仲淹肯定是明显地感受到了庆阳地区古豳遗风的存在的，在他为官庆阳时，写下了著名的《劝农》诗：

烹葵剥枣古年丰，

莫管时殊俗自同。

太守劝农农勉听，

从今再愿诵豳风。

从《七月》所反映的社会生活内容来看，这时周族的社会形态已经发生了几点明显的变化：①社会已经有了专职的管理人员，如"田畯"。②出现了阶级分化。如姑娘们采桑时还心怀恐惧，害怕"与公子同归"。这里的"公子"多解释为豳公的儿子们，公子享有对豳公治下农户家庭女子们的"同归"权。种田人冬季狩猎所获的狐狸皮，自己不得享用，要给"公子"做成皮毛衣服。公子如此，那么豳公的特权自然就更大了。③农业已成为社会的主体经济样式。《七月》首章即写的是春耕生产，以下几章写的主要活动也是收获、采桑等农业生产事象，狩猎仅只是冬闲时的活动。因为受当时北豳地理环境、气候条件的限制，不窋虽将先进于戎狄的农业技术带到了庆城一带，但很可能没有成为主体经济样式，只有到了公刘成功"迁豳"之后，才得以"复修后稷之业"，农业经济才逐渐发展起来。

但这是不是就意味着周族已进入了奴隶制社会了呢？似乎又不是，因为在岁末年初之时，普通人也能"跻彼公堂，称彼兕觥，万寿无疆"呢。并且，种田人在一年将终干完农活和公务劳动后，也还有一定的自由支配的时间。从这些民间事象看，当时的社会形态还保留着某些氏族公社制的特征。

公刘的历史功绩

通过前面几节对相关文献的分析，结合部分考古发现和民俗文化遗存，我们对公刘的历史功绩，可以做出如下评价：

1.公刘迁豳，为周族开拓了一个新的能够更好地生存和发展的空间。

不窋逃到庆城一带的"戎狄之间"生存，是出于无奈。他带领族人在这样一个近山临水的河谷地带定居下来，发展生产，延续祖业，更多的是出于安全的考虑。经过两代人的艰辛创业，打下了一定的基础之后，周族这只鲲鹏之鸟就不能继续在这个狭促地带蜗居了，它在梦里都渴望着更宽广的天地。这个任务历史性地落在了公刘的肩上。当他接替父亲鞠陶担任了族长之后，便果断地率领族众，包括一些追随他的部族，开始了一次具有历史意义的武装大迁徙。

他以一个战略家的胸怀和眼光，一路行进，一路考察，终于在豳发现了广阔的适宜耕种的土地。并且这里水源丰富，适宜居住。于是就在一处叫京的水边高地上建筑了城邑，族人和其他十八个联盟的部落也均在周边安居了下来。周族的事业，从此进入了一个壮大发展的时期。

2.建立了兵农合一的军事和社会管理组织。

公刘不愧为是一个杰出的政治家，为了族人的安全，也为了开疆拓土和发展生产的需要，他在豳地组建了相应的军事和社会管理组织。"其军三单"，创建了三处营地，或者说组建了三支兵农合一的既搞生产也可以战斗的机动灵活的部队，把周族的军事力量和组织管理提高到一个新的水平。当时的豳地依然是在戎狄地区，"其军三单"的组织形式，使周族的安全和发展有了可靠的保障。

3.实行"彻田为粮"的粮税制，不仅刺激了族群内部发展生产的积极性，也使公共事业的发展有了资费保证。

公刘迁豳以后，随着属下人数的扩增和管辖范围的扩大，公共管理开支也必然会有相应的增加。实行"彻田为粮"的粮税制度，或者是以"公田"的形式抽丁劳作，或者是按人丁和田产上缴"公粮"，使人们明确了各自的责任，调动了大家发展生产的积极性，提高了劳动效率。同时，使集体公共管理开支有了来源和积累。

4.农业生产有了大的发展。

豳地土地资源丰富，特别是有众多的塬区。这些塬区土地平整，土层深厚，地力肥沃，极其适宜发展农业经济，河川之地又有水利之便。陇东地区迄今一直被称为"陇东粮仓"，其原因也在这里。豳拥有陇东的大部，加上长武、彬县、旬邑等地，发展农耕经济得天独厚。在公刘的杰出领导和组织管理下，豳地的农业生产有了较快的发展，正如我们分析《豳风·七月》所指出的那样，农业经济已经成长为当地的主体经济样式。数百里的豳原，男耕女织的劳动场景，从那时起一直延续到今天。行走在陇东高原上，望烟村雾树、无边田畴，使人神清气爽，心胸开阔，会不由记起陶渊明"暧暧远人村，依依墟里烟"的诗句。

5.建立起相对稳固的部落联盟。

公刘迁豳时，不只是本族周人，还有其他一些部族，也追随他前往。如《毛传》云："盖诸侯从者，十有八国焉。"公刘以他个人的品质和杰出的领导才能，赢得了十八国诸侯的衷心拥戴，到达豳地，一致推举他为总首领，亦即《公刘》一诗所说的"君之宗之"。

众人以"君之宗之"拥戴公刘，说明公刘时代的周人，已经不再是纯粹的周族后裔了，而是由多个部落联合组成，它标志着在泾水中上游，一个相对稳固的部落联盟——豳，已经出现。无数的史实证明，不同的族群联盟，往往是建立国家的第一步。

6.推动了周族历史，进入雏形国家的前夜。

在公刘的领导和治理下，势力范围的扩张、部落联盟的完成，标志着政治权力中心的豳城的建立，成功的军事和社会组织建设、经济制度的推行、农业生产的发展和经济实力的上升，一步步把周族这个宗族制部落向雏形国家形态推进。

"公刘卒，子庆节立，国于豳。"（《史记·周本纪》）

公刘时期是周族发展史上的一个重要时期，豳地时期的农业，是周族赖以发展壮大的民族基业和祖业。

自公刘起，九代之后，古公亶父南下周原，完成了先周历史上的第三次迁转。至武王姬发灭殷，周人终于完成了统一全国的大业。

注释：

①刘治立《庆阳通史》，商务印书馆，2011年。

②汪受宽《豳国地望考》，《中华文史论丛》2008年第4期。

③⑤⑧于俊德、于祖培《先周历史文化新探》，甘肃人民出版社，2005年。

④于俊德、于祖培《先周历史研究综论》，见于祖培《宁县文史研究》。

⑥齐社祥《"芮鞫之即"与公刘旧邑》，见《崇信县历史文化暨旅游文化产业开发利用学术研讨会论文集》。

⑦张建军《从氏族、部落到雏形国家》，《语文知识》2007年第2期。见《庆阳先周历史与农耕文化论丛》，中国文史出版社，2009年。

⑨~⑫《庆阳先周历史与农耕文化论丛》，中国文史出版社，2009年。

⑬张应斌：《七月：周族的农业史诗》，《首都师大学报》1997年第5期。见《庆阳先周历史与农耕文化论丛》，中国文史出版社，2009年。

⑭高亨《诗经今注》，上海古籍出版社，1980年。

从太王迁岐到武王灭商

太王迁岐

太王，即古公亶父，也写作"大王"，是周人在豳地的最后一位首领、君主。太王，是后代给他追加的谥号。《史记·周本纪》："诗人道西伯，盖授命之年称王而断虞芮之讼。后十年而崩，谥为文王。改法度，制正朔矣。追尊古公为太王，公季为王季；盖王瑞自太王兴。"《礼记·大传》云："牧之野，武王之大事也。既事而退，柴于上帝……追王大王亶父、王季历、文王昌，不以卑临尊也。"

对古公亶父的记载，最早见于《诗经·大雅·绵》：

原文	译文
绵绵瓜瓞，	大瓜小瓜瓜蔓长，
民之初生，	周人最早得发祥，
自土沮漆。	本在沮水漆水旁。
古公亶父，	太王古公亶父来，
陶复陶穴，	率民挖窖又开窑，
未有家室。	还没筑屋建厅堂。

古公亶父，	太王古公亶父来，
来朝走马。	清早出行赶起马。
率西水浒，	沿着河岸直向西，
至于岐下。	来到岐山山脚下。
爰及姜女，	接着娶了姜氏女，
聿来胥宇。	共察山水和住地。
周原膴膴，	周原土地真肥沃，
堇荼如饴。	苦菜甜如麦芽糖。
爰始爰谋，	开始谋划和商量，
爰契我龟。	再刻龟甲看卜象。
曰止曰时，	兆示定居好地方，
筑室于兹。	在此修屋造住房。
迺慰迺止，	于是在此安家邦，
迺左迺右。	于是四处劳作忙，
迺疆迺理，	于是划疆又治理，
迺宣迺亩。	于是开渠又垦荒。
自西徂东，	打从东面到西面，
周爰执事。	要管杂事一样样。
乃召司空，	先召司空定工程，
乃召司徒，	再召司徒定力役，
俾立室家。	房屋宫室使建立。
其绳则直，	准绳拉得正又直，

缩版以载， 捆牢木板来打夯，
作庙翼翼。 筑庙动作好整齐。

捄之陾陾， 铲土入筐腾腾腾，
度之薨薨。 投土上墙轰轰轰。
筑之登登， 齐声打夯登登登，
削屡冯冯。 削平凸墙嘭嘭嘭。
百堵皆兴， 成百道墙一时起，
鼛鼓弗胜。 人声赛过打鼓声。

迺立皋门， 于是建起郭城门，
皋门有伉。 郭门高耸入云霄。
迺立应门， 于是立起王宫门，
应门将将。 正门雄伟气势豪。
迺立冢土。 于是修筑起大社，
戎丑攸行。 正当防戎那大道。

肆不殄厥愠， 既不断绝对敌愤，
亦不陨厥问。 邻国也不失聘问。
柞棫拔矣， 柞栎白桵都拔去，
行道兑矣。 道路畅通又宽正。
混夷骏矣， 昆夷奔逃不敢来，
维其喙矣。 疲惫困乏势不振。

虞芮质厥成， 虞芮两国争执平，

文王蹶厥生。	文王启发感其性。
予曰有疏附,	我说有臣疏化亲,
予曰有先后,	我说有臣辅佐灵。
予曰有奔奏,	我说有臣善奔走,
予曰有御侮。	我说有臣御敌侵。

（赵逵夫、王晓鹂译）

全诗共九章，主要记写了古公亶父由豳迁至岐下，娶妻姜女，率领族人修建居室，划分田亩疆界，设置管理机构，建都立国的历史功绩。关于古公亶父由豳迁岐的原因，《绵》只有"迺立冢土，戎丑攸行"一句暗示性文字。太王迁岐的原因见于其他一些典籍的记载。

较早的记载见于《孟子·梁惠王·下》：

昔者大王居邠，狄人侵之。事之以皮币，不得免焉；事之以犬马，不得免焉；事之以珠玉，不得免焉。乃属其耆老而告之曰："狄人之所欲者，吾土地也。吾闻之也：君子不以其所以养人者害人。二三子何患乎无君？我将去之。"去邠，逾梁山，邑于岐山之下居焉。邠人曰："仁人也，不可失也。"从之者如归市。

《庄子》第二十八《让王》篇，也有如下记载和评论："大王亶父居邠，狄攻之。事之以皮帛而不受，事之以犬马而不受，事之以珠玉而不受，狄人所求者土地也。大王亶父曰：'与人之兄居而杀其弟，与人之父居而杀其子，吾不忍也。子皆勉居矣！为吾臣与为狄人臣奚以异！且吾闻之，不以所用养害所养。'因杖策而去之。民相连而从之，遂成国于岐山之下。"庄子接着评述道："夫大王亶父，可谓能尊生矣。能尊生者，虽富贵不以养伤身，虽贫贱不以利累形。今世之人居高官尊爵者，皆重失之，见利轻亡其身，岂不惑哉！"

"不以所用养害所养"（不要为了养生的土地而伤害到所养的人民），真可谓至理名言。

对古公亶父由豳迁岐的原因，记载最详的是《史记·周本纪》：

古公亶父复修后稷、公刘之业，积德行义，国人皆戴之。薰育戎狄攻之，欲得财务，予之。已复攻，欲得地与民。民皆怒，欲战。古公曰："有民立君，将以利之。今戎狄所为攻战，以吾地与民。民之在我，与其在彼，何异。民欲以我故战，杀人父子而君之，予不忍为。"乃与私属遂去豳，度漆、沮，逾梁山，止于岐下。豳人举国扶老携弱，尽复归古公于岐下。及他旁国闻古公仁，亦多归之。于是古公乃贬戎狄之俗，而营筑城郭室屋，而邑别居之。作五官有司，民皆歌乐之，颂其德。

由上述史料的记载我们可以得知，古公亶父弃豳迁岐是因为戎狄族的侵犯。古公亶父一再礼让，送财送物，戎狄还是要侵犯，因为他们是要占有土地和民众。于是，古公亶父为了免于百姓因战争而流血牺牲，这才主动让出了豳地，迁往岐下。

古公亶父退豳迁岐，体现了太王是天下仁德的典范，也体现了周族历代先祖以人为本、以德立邦、以和为贵的一贯理念。"克己复礼，天下归仁"，"仁"乃儒家思想的核心。自孟子开始的关于大王迁岐的记述，反映了历代文人对儒家思想的褒扬。

暂且不管史书是怎么记载的，设身处地从当时周人的处境和发展态势来分析，迁岐的原因并不是那么单一，不是一个"仁"字能够解释得了的。

｜古公亶父

从周人的豳国来说，自公刘迁豳、庆节立国以来，又经历了九代人的发展，寻求突破以求取更大发展，已呈必然之势。前面已经说过，周人不是一个偏安一隅以求安康的族群。公刘迁豳之后，事业有了大的发展，但豳地仍属偏壤远土，"打回老家去"的愿望没有实现，更何况他们的心里还有一个更大的"王业"宏图呢！要成就大业，单在泾渭中上游经营是不行的，必须南下关中，进一步占据中原。古公亶父是公刘之后又一位周族的杰出领袖，这一点他心里十分清楚。在他的手中，终于完成了从戎狄之地向关中平原的战略转移。

再从当时的战争形势来讲，戎狄族长期的游牧狩猎生活造就了族人勇猛剽悍的性格，其部队可能以骑兵为主，其攻击力是非常强势的。从豳国三献皮帛、犬马、珠玉欲求和而不得，也可看出其志在必得的强势。而以农业经济为主的周人未必是戎狄人的对手，其结果必然是两败俱伤。因此，古公亶父不想牺牲他的族民，也不想与薰育、戎狄兵戎相见，便决定迁徙。于是，渡过漆水和沮水，翻越梁山，来到岐山周原定居下来，掀开了周族发展史上新的至关重要的一页。

古公亶父到了岐山，豳人和其他地方的自由民感念大王仁德，也扶老携幼，追随他们爱戴的领袖，全部迁到了岐山。其他一些诸侯国久闻大王贤德之名，也都自动地归附于他。

古公亶父率领族人在岐山周原安居下来，纳关中平原姜族的长女为妻，与炎姜部建立了稳固的联盟关系。太姜非常贤淑能干，她跟随丈夫四处踏勘，观察地形，规划田地，发展生产，选择适宜建立都城和民居的地方，营建城郭室屋，以邑为单位安置归附的人众。

从史料看，这时古公亶父治下的人口比在豳时还要多。他不可能让这些追随他的自由民充当奴隶，为了解决众人的吃饭问题，古公亶父很可能采用了商朝原有的不占主要地位的助耕制，即土地是国君的，但分给自由民耕种，收获归自己；留出一部分的土地（公田），还由这些人耕种，所产归公，实际上是一种力役地租。于是，"新的生产关系即封建的生产关系在周国里成为主要的生产关系了"，"这个新的封建生产关系，是适合当时生产力发展趋势的，因而产生了对生产力的促进作用"①，刺激了经济的发展。

到了平原地带生活，古公亶父在改革习俗方面也实行了一些措施，比如改变了原来"陶复陶冗，未有家室"的居住生活方式，以及在戎狄地区生活习得的落后习俗等，使周人迈入了文明的新时代。

古公亶父还设置了司空、司徒等"五官有司"的管理机构，并冠名"周"作为部落的称谓，使周族很快便成为一个雄霸一方的诸侯国家。

《诗经·鲁颂·闷宫》曰："后稷之孙，实为大王，居岐之阳，实始翦商。"如果说，公刘迁豳发展农业为周族发展奠定了基业的话，那么，古公亶父迁岐，则使周族的一只脚已经踏在了翦商的跳板上。

开疆拓土的季历

三千年前的某年秋月甲子日，在太王的宫室里，一个小生命呱呱坠地了。他就是后来被称作文王的姬昌。姬昌是太王的小儿子季历和贤妻太任所生的孩子，刚出生就出现了瑞兆，一只赤雀丽鸟口衔丹书降落在古公亶父的宫邸。丹书上写着这样几行文字：

敬胜怠者吉，怠胜敬者灭。义胜欲者从，欲胜义者凶。凡事不强则枉，不敬则不正。枉者废灭，敬者万世。以仁得之，以仁守之，其量百世。以不仁得之，以仁守之，其量十世。以不仁得之，不仁守之，不及其世。

丹书上写的是一种治国理念：待之以敬，秉之以义，守之以仁。婴儿刚刚降生，上天就显此瑞兆。古公亶父看了丹书上的文字，心中暗喜，自言自语道："我世当有兴者，其在昌乎？"

言者无意，听者有心。古公亶父有三个儿子，长子太伯，二子虞仲，小儿子季历。按照古时传长嫡不传次庶的惯例，古公亶父将传位给太伯。为了使父亲打消顾虑，将来顺利地传位给爱孙姬昌，太伯和虞仲便悄悄逃到东南边远的荆蛮之地躲起来，在那里文身断发，好让父亲传位给季历，将来季历再顺理成章地传位于昌。

据《史记·吴太伯世家》记载，太伯、仲雍（即虞仲）兄弟二人远走荆蛮之地后，在那里文身断发以示不可再为周君之意，好让位给季历。后季历继位，是为王季。荆蛮之人敬重太伯的人品，归附他的有千余家，一致推举太伯为吴国的首领，是为吴太伯。太伯没有子嗣，由弟仲雍继位。周武王克商立周后，寻找到这两位贤德前辈的后人，给予了册封。孔子高度赞赏太伯的仁德，说："泰伯，其可谓至德也已矣！三以天下让，民无得而称焉。""三让"，即指太伯的让王、让地、让民。

太王传位季历，是为公季。公季也是一位具有雄才大略的周族领袖，特别是在军事指挥才能方面更是厉害，很少有人能够与之比肩。他在位二十五年，率兵打了七场大仗，扩展了大片疆土，从西北到北方形成了对商的半包围之势。

商王武乙二十四年，季历继位刚刚三年，便率兵对其东边的程国发起了猛烈的攻势。双方在毕展开大战，季历打败程国的军队，使周的势力扩展到了关中腹地。后来又在程建立了都邑，掌控了关中。

商王武乙三十年，周师伐义渠戎国，俘获义渠戎国的国君，胜利班师。季历继位后的第二场战争选择了讨伐义渠戎，具有特殊的战略意义。一是义渠戎地是周的十二代先王之地，从不窋窜"戎狄之间"到公刘迁豳、古公亶父迁岐，周人在那里生活了五百多年，那里有周人的祖陵。"国之大事，在祀与戎。"中国人自古以来就尊奉祖先，爱护祖茔之地，这个传统一直保持到今天，不然也就不会清明时节"路上行人欲断魂"了。季历当然深知此礼。古公亶父迁岐，首先是战略需要，其次也是为了摆脱戎狄的侵扰。因此之故，一旦翻过身来必然与戎狄兵戎相见，使其服膺，以保持周国"后院"的安宁。季历二战义渠戎，还有一个原因，就是要在泾河上游建立自己巩固的军事战略基地，以便控制陇关，好以此为踏板，实施北上西进东征方略，为开疆拓边做好战略上的准备。

果然——

商王武乙三十五年，季历伐西落鬼戎。

商王文丁二年，季历伐燕京之戎。

商王文丁四年，季历伐余无之戎，克之，命为牧师。

商王文丁七年，季历伐始呼之戎。

商王文丁十一年，季历伐翳徒之戎，获其三大夫，去商都献捷。

二十五年七场大战，季历的大军北上东进，从西北到华北画了一个半圆，从内蒙古、陕北、晋北直到石家庄，征战数千里，横扫千军，一路凯歌，打了一场连环套式的靖边战役，使周的势力扩展到西北至华北的半壁江山。从西北到华北，对商王朝形成一种压顶之势。

季历的兵力所向，都是边疆的戎族。他的用兵，应该说是得到商王朝的支持的，或者说是以中央政权的名义，对其进行讨伐的。他于武乙三十年征伐义渠戎获其国君后，三十四年到中原朝拜商王，商王武乙赏赐给他地三十里、玉五十双、马十匹。这就说明季历征讨异族的行为，最初是得到中央王朝支持的。

但到后来，随着季历的战功卓著，周族控制的地域越来越大，影响越来越广，声威越来越高，商王就不是那么放心了。可是，志得意满的季历却没有觉察到这一点，在他征伐北方的翳徒戎获得大胜，押着翳徒戎的三大夫，高高兴兴到京师向商王文丁献捷的时候，却被文丁囚杀于朝歌。就这样，商朝末年的一代枭雄，为周族开疆拓土做出卓越贡献的先祖王季，在完成了自己的历史使命之后，以非正常死亡结束了自己的戎马一生。

文王德威赢天下

季历被杀，文王姬昌继位。姬昌没有急于向商王寻报杀父之仇，他知道现在还不是复仇的时候，如果操之过急，会将十几代人的努力毁于一旦。

文王继周，一面向商王朝表示忠诚不贰之心，取得了商王的信任，被封为西伯侯；一面在自己的领地广施仁政，凝聚人心，不但赢得了国人的衷心拥戴，也赢得了周边诸侯国的拥护。

《史记·周本纪》载："西伯曰文王，遵后稷、公刘之业，则古公、公季之法，笃仁、敬老、慈少。礼下贤者，日中不暇食以待士，士以此多归之。伯夷、叔齐在孤竹，闻西伯善养老，盍往归之。太颠、闳夭、散宜生、鬻子、辛甲大夫之徒皆往归之。"又载："西伯侯阴行善，诸侯皆来决平。于是虞、芮之人有狱不能决，乃如周。入界，耕者皆让畔，民俗皆让长。虞、芮之人未见西伯，皆惭，相谓曰：'吾所争，周人所耻，祗取辱耳。'遂还，俱让而去。诸侯闻之，曰：'西伯盖受命之君。'"

民间也广泛流传周文王访贤姜子牙的故事。姜子牙未出山时，隐居渭水河畔，在磻溪钓鱼。但是，姜子牙钓鱼和常人不同，他的鱼钓是直的，这就是："姜太公钓鱼，愿者上钩。"文王久闻姜子牙大名，思贤若渴，就亲自到磻溪，请姜子牙出山辅佐周室。姜子牙为了考验文王的诚心如何，就坐在小船上，船上系了一根长长的绳子，他让文王给他拉船。文王二话没说，把绳子往肩上一搭，一步一挪，船慢慢地移动了。姜子牙在船上摇着扇子，好不自在。看看差不多了，姜子牙说："好啦！你拉我八百零八纤，我保你八百单八年。"于是，周就有了八百年的天下。

无论是正史记载，还是民间传说，都说明文王姬昌是历史上少有的一代贤君。他谨遵后稷、公刘之业，大力发展生产，强国富民；他守古公、公季之法，建立完善典章制度；他笃仁、敬老、慈少，是为道德典范；他礼贤下士，广招天下贤达。姬昌仁德声名远播，以至于在诸侯心中，"西伯盖受命之君"，必得天下。而这时商王朝的末代之君纣王，却骄横荒淫，残暴肆虐，与西伯侯形成了鲜明的对比。周人这时虽然还未夺得天下，但在政治影响上却已是"天下归周"。

此外，据孟子《梁惠王》等篇所述，文王行仁政，先从经界（划分田地）开始。农民抽九分之一的税，做官的世代继承俸禄，关卡市场不征税，湖泊池沼也不设捕鱼禁令，惩罚罪犯不牵连妻小。对于鳏寡孤独这四种穷苦无依靠的人，文王的仁政先考虑他们。还有《诗经》中一些篇目的记载，表明文王时已开始推行封建制度，其进步性是显而易见的。这些"仁政"，对商及其他小国的庶民和失意贵族，产生了相当的吸引力。

西伯姬昌以他的个人品质和顺应历史的治国方略，完成了以周代商的最后一步棋。

看到西伯侯的威望已经盖过了商王，崇侯虎就到纣王面前说姬昌的坏话："西伯积善累德，诸侯们都人心朝向西伯了，这对大王你很不利啊!"于是，纣王就把西伯侯姬昌囚禁在羑里。这可急坏了他那些谋士们，积极为营救姬昌出谋划策，四处奔走。

这期间，西伯在羑里韬光养晦，专心研究周易，推演出八八六十四卦，这就是文王八卦。长子伯邑考为救父亲，前往朝歌谢罪，却被纣王杀死。据说残忍的纣王还将伯邑考的肉做成羹，让西伯吃。西伯也假装不知道，以此来麻痹纣王，让纣王相信自己对他的忠诚。

闳夭、散宜生等从有莘氏求得美女，又从骊戎国弄来赤鬃缟身俊美无比的高头大马，从有熊氏那儿换来36匹良马，还有一些宝物。他们事先买通了纣王身边的佞臣费仲，通过费仲将这些贡品献给了纣王。纣王是个有名的好色之徒，一见有莘氏美女，遂春心激荡，说："仅此一物就可以释放西伯了，何况还有那么多的宝贝呢!"于是乎，纣王不但放了西伯，还赐给他弓矢斧钺，赋予他征伐其他诸侯国的权力。

姬昌以他个人的品质和言行，肇始了儒家思想和伦理道德规范。他虽仁德却不迂腐，是一位清醒的政治家和谋略家。他时刻不忘灭商兴周的政治目的，但这时候灭商的时机尚未成熟。

姬昌因祸得福，回到西岐后，第二年即开始对一些不顺从的方国进行征伐。先后征服了犬戎、密须、耆国。大臣祖伊觉察到周对中央王朝的威胁，意识到危险正在逼来，就劝告纣王注意防范，纣王却迷信天命，置之不理。西伯接着又征伐了邗国和地处丰、镐之间的崇国，打败了崇侯虎，在丰建立了都邑，占据了灭商之地利。

文王战胜西戎混夷，又灭了附近几个敌国。拓境西到密（今甘肃灵台），东北到黎（今山西黎城县），东到邗（今河南沁阳县附近），对商都朝歌（今河南淇县），取进逼的态势。他还扩充势力到长江、汉水、汝水三个流域，教化那里的蛮夷，称江汉汝坟之国，也称南国，又称周南、召南。于是，到了姬昌晚年，已取得当时所谓天下的三分之二。[②]

灭商的条件终于成熟了。

武王灭商，天下归周

公元前1050年，文王姬昌去世，享年97岁。武王姬发继位，太公望为军师，周公旦为首辅大臣。武王继承文王遗志，积极做好灭商的准备。

武王率领文武大臣到文王墓地祭祀之后，便领军东进，观兵于孟津。中军车内，载着文王木主灵牌，仍称自己为太子发，奉文王之命以伐商纣。诸侯各国闻说武王伐纣，纷纷赶来会盟，计有800诸侯。诸侯们都说："可以讨伐商纣了！"武王说："你等不知道天命，现在还不是伐纣的时候。"于是班师回到镐京。

武王回到周地，时刻不忘伐纣大业。暗中派密探去探察商纣的国情。探察的人回来报告说：朝廷中坏人执政，纣王只管沉迷于女色，朝政昏乱透了。武王认为，时机未到。后来，探察的人再回来报告，朝廷上好人全被骂走了。武王认为，时候还没到。再后来，探察的人报告说，百姓们都闭口不说话了。武王说：纣可伐也！

据《史记·周本纪》载："居二年，闻纣昏乱暴虐滋甚，杀王子比干，囚箕子。太师疵、少师强抱其乐器而奔周。于是武王遍告诸侯曰：'殷有重罪，不可以不毕伐。'"

是年为公元前1046年。正月，武王率兵车300乘，虎贲猛士3000人，甲士45000人，东出孟津，向商纣宣战。庸、蜀、羌、髳（苗）、微、卢、彭、濮八国率兵前来会师。还有其他一些诸侯国家也都前来相助。

2月，武王大军陈兵商都郊外，在牧野大平原上进行战前誓师动员。武王历数纣王四大罪状：一是专信妇人之言，二是不祭祀祖宗，三是不信任亲族，四是招集四方罪人和逃奴。武王说：商纣暴虐百姓，祸乱国家，早已是天怒人怨。我们这是替天征伐无道！大家务必同仇敌忾，一鼓作气，歼灭商纣于此役！誓毕，诸侯率兵来会师的达到战车4000乘。

纣王听说武王兵临城下，也发兵70万以拒武王大军。

纣王无道，早已是众叛亲离，虽说有70万军队，却是乌合之众，刚一交战，便纷纷倒戈，一触即溃。武王乘胜追击，杀进朝歌，大获全胜。

四面楚歌中的纣王，眼看大势已去，匆忙逃到鹿台，焚火自尽，为500年商朝画了一个不光彩的句号。

该年，武王在镐京登基，史称西周。

注释：

①②范文澜《中国通史简编》（修订本），人民出版社，1964年。

古豳遗风

先周农耕文化对中华民族的深远影响

周先祖以农起家，弃的诞生，便开始了这个部族与土地和农业的不解之缘。及弃成人，被尧帝延请为主管农业的官员，是为后稷。死后，被人们尊为农神。自弃开始，周族世为后稷。孔甲之乱，不窋失去后稷之官，带领族人逃到了今陇东庆城一带，在泾河上游马莲河流域播撒农耕文明的种子。后公刘迁豳，复修后稷之业，农业经济得到长足的发展。古公亶父迁岐，以农立国，自此周族逐渐发展壮大，在关中平原大展雄风。公元前1046年，武王灭商建周，以农为本依然是这个王朝的核心理念。几千年的中国封建社会，是以传统农业经济为基础的农耕文明社会。农耕文明，对中华民族的影响是至深至远的，它渗透在中华民族政治、经济、思想、文化的方方面面。

这里仅从精神文化层面，谈谈农耕文明对国人的影响。

1.重土意识。

土地为国家之本、民族之本、生命之本，江山社稷历来是国家、人民头等重要的事情。所以遇到异族侵略的时候，总有众多的民族英雄奋起抗争，浴血奋战，留下了一首首英雄壮歌，传唱千古。中国人重土意识很浓，重土、守土，是国人心中千年不散的情结。秦牧的《土地》对国人的重土情结有十分精彩的描述：那些当年被迫到走投无路的破产的中国农民，在漂流海外去谋生的当儿，身上就常常揣着一撮家乡的泥土。他们把这撮土叫作"乡井土"。在湛江，有一座桥梁被命名为"寸金桥"，寓有"一寸土地一寸金"的意思，这是用来纪念当年抵抗帝国主义侵略的民族英雄们的。有的地方，曾流行成人死后入殓时在面部盖上白布的风俗，那是明朝遗民羞见先人于地下，一种激励后代的葬仪。……

当然，重土意识也有可能会产生一些消极的影响，比如封闭保守或夜郎自大的心态等。

2.天人合一的思想理念。

粮油作物及中药材作物本身就是大自然的一个组成部分，这些作物的种植、成长和成熟，对自然环境包括地形、土质、气候、日照、水分等的依赖性很强。素来"民以食为天"，所以先民们自懂得种植庄稼以来，就一直祈求与大自然的和谐相处，每年的春祈秋报活动的主要内容就是希望风调雨顺、五谷丰登。农耕文化的内涵是什么？主要就是八个字：应时、守则、取宜、和谐。从最初的自然崇拜，到天人合一的理念的形成，并不都是迷信，它也反映了华夏民族的生命、生存观从迷信趋向科学的发展逻辑。天人合一理念，是包括周先祖在内的我们的祖先留给我们的珍贵的精神文化遗产，是中华民族的大智慧。在地球环境日益恶化、环境也频频向人类施以报复的今天，天人合一的理念很值得整个人类，去思考之，认识之，尊奉之。

3.敬祖守孝，尊长爱幼的伦理观。

父母给了我们生命，土地养育了我们。中华民族是一个懂得感恩的民族，他们奉祖先为根本，视土地为母亲。慎终追远，守孝为先，尊长

| 拜年

为大。老吾老以及人之老，幼吾幼以及人之幼，是中华民族几千年的优良传统。直到今天，还是我们的道德准则、行为规范。这些影响了我们几千年并将继续传承下去的伦理规则，是开创农业文明的周祖最先把它系统化、制度化，并诉诸文字、传之后世，培育出伟大的华夏文明，中国也因此被称为"礼仪之邦"。

4.农本色彩鲜明的民俗文化。

中国，是世界农业自然经济历史最长的国家之一。新中国成立后相当长的一个时期里，我们还是一个传统农业大国。而民俗文化是在历史行进的过程中，日渐形成的一种非强制性的规约文化，这就使我国的主体民俗文化具有了鲜明的农耕文化的色彩。民俗文化是一种影响最为广泛和深入的文化，它渗融在人们生活的方方面面，自始而终，包括衣食住行、人生礼仪、物质生产、精神生活的各个层面。虽然，我们今天已经迈进了工业和信息化社会，但一举手一投足间，农业民俗文化仍和我们如影随形。

5.笃厚忠信的人格守护和"和为贵"的处世原则。

土地是深厚的，土地是宽容的。它默默无语，却不断地孕育着生命并供养生命，忍受着风雨雷电的击打和人类的踩躏。这个世界上没有谁可以离开土地而生存，农业文明更是泥土直接开出的精神和物质的花朵。中国，长时期是一个传统农业大国。几千年的乡村文明，对中华民族精神人格和处世原则的形成，产生了至为重要和深刻的影响。中国的城里人，上溯几代，差不多都是农民。传统农民尊奉的是什么？敦笃忠信，恪勤修业，以和为贵。今天，这些还是社会上大多数人遵奉的做人和处世原则。这些被国人广为尊奉的人生信条，不难从先周农业文化中找到它的基因。

陇东民俗中的农本意识

陇东，含甘肃平凉、庆阳两地区的泾川县、灵台县、华亭县、崇信县、庄浪县、静宁县、庆城县、宁县、正宁县、合水县、镇原县、环县、华池县十三个县和崆峒、西峰二区。西北与宁夏接壤，东南与陕西毗邻，南接天水，西连定西，是甘肃主要产粮区之一，素有"陇东粮仓"之称。这里是中华民族的发祥地之一，也是我国农业文明的重要发源地。这块古老而神奇的黄土地，保留了丰富多彩的民俗事象，文化蕴藏十分深厚。农本，便是陇东民俗文化一个鲜明的价值指向。

1.陇东民俗文化资源现状及意义。

"民以食为天"，而食之饱馁直接取决于农牧业的丰歉。因此，农本意识成为我国农民观念中最牢固的部分，直接表现为共同遵守的各种习俗。这一点在陇东农村显得尤为突出。在形形色色的陇东民俗活动中，农本思想成为民俗意识和民俗行为的重要轴心。

（1）传递：神秘光晕中的时光之链。

农业生产，有着严格的节令性，在人类历史的进程中，社会生产由渔猎转入农耕之后，开始出现了岁时风俗，渴望丰收的祈祷性活动也逐渐广泛起来，并年复一年成为代代相传年年相袭的固定程式。陇东人是很看重过节的。春节是汉族也是陇东人最隆重的传统节日。"一年之计在于春"，农本意识强烈地渗透在陇东春节诸多民俗活动中。年初一凌晨，当除夕夜一家人团团围坐的火堆还在闪烁明灭，勤劳的陇东农家便开始了新的一年的祝赞活动：上房的桌子上供着特制的叫作"枣山"的大白蒸馍，院子里燃起了明亮的火堆。伴着雄鸡的第一遍啼唱，孩子们在火堆边欢跳雀跃，此谓"跳早"。"跳早"、"枣山"都是取人勤春早、吉福早到之意。"枣山"还寄寓着当年粮食堆积如山的美好愿望。有些地方还讲究挑头一担水，敬第一炉香。水是农业的命脉，在普遍干旱的陇东更有着举足轻重的地位，早早地求得风调雨顺可是一年里最重要的事。偏远山区有"撂担"的习俗。所谓"撂担"，其实是一种古老的祈祷仪式。人们在燃起的火堆中加入葱皮、蒜秆之类，一边把扁担从火堆上掷过去，一边说些祈祷的话。如，"一撂担，风调雨顺；二撂担，五谷丰登；三撂担，人丁兴旺；四撂担，牛羊满圈……"祝赞之后，合家老小跪在火边叩头作揖。随着柴草渐渐燃尽，青烟仿佛把农人的祝愿带上了天宫。这天，吃饭也讲一个"早"字。早早地吃过早饭，便开始了大年初一最隆重的迎新仪式——出行。出行，在陇东具有狂欢节的性质，人们以少有的集体狂欢形式祈祷人畜兴旺、五谷丰登。即使在公社化时期，人们也没丢弃这一活动，那时是由生产队长通过高音喇叭来统一做饭和出发的时间的。迎着初升的新年的太阳，牵着披红戴花的牲口，全村男女老少会集在村外最大的活动场地上。迎过喜神之后，松开拴牛羊骡马的绳，任其撒欢狂奔，人们也嬉乐追逐。近年，小伙子

们开着新买的
小四轮，也加
入了狂欢的海
洋。此外，春
节这天在陇东
各地还有各自
不同的祈农活
动。如，灵台
县初一早起要
在宅周动土，

正月初一迎喜神 ｜

以示新的一年农事活动的开始；镇原县则在当院地上放油饼、蒸馍和
肉，然后引狗去吃，以此预测当年何种粮食丰收及畜运。这种卜测方式
叫"狗试"。

正月初九，随着社火出庄，各地普遍开始上演社戏。这是农闲时
节一种群众性的娱乐形式，然而其本初意义不在娱人而在娱神，以祈年
丰。这一观念在陇东一些老
年人心中是根深蒂固的。有
一年遭遇六十年未遇的大旱，
一些村民便自发筹款筹粮，
请外省或地方剧团给龙王唱
求雨戏。

正月十五元宵节，陇东
农家对吃不吃元宵不怎么在
乎，却几无例外地要蒸、点
面灯。面灯花样繁多，各家

社火串庄 ｜

多寡不一，但十二个月份灯是不能少的。月份灯沿剪有与该月天数相合的齿牙。开笼后，看哪盏灯里有水，就意味着该月有雨，水越多雨越大，无水则旱。这天晚上邻里互相馈送面灯，并允许"偷"。前者叫"送牛"，后者叫"偷牛"。牛是农业生产的主要劳力，农民的宝贝。把灯与牛联在一起，祈农的意义是很明显的。合水等地还有做"康健老"的习俗。康健老为一头小肢长的面人，嘴、眼用黑豆代替，怀抱面灯，放在粮囤上，象征人寿年丰。此外，鸡窝、牲口槽要放鸡驮灯或马驮灯，兆示六畜兴旺、吉祥如意。

正月二十三陇东燎疳节，各家剪疳娃娃挂在门上。晚上，在院子里点起火堆，合家老少争跳火堆。尽兴之后，有经验的老年人用锨拍碎火籽，然后扬撒，视火花形态占卜当年各种作物的丰歉。是夜，放清水碗于室外窗台上，翌晨，观冰纹再卜收成如何。燎疳，是陇东地区一个很热闹的节日，也是年节里最后一个节日。这一天过后，劳动上就再没什么忌讳了，社火队也"收兵卷旗"，道具归库。燎疳，在陇东实际上是一年农事活动的总动员。（见下节《燎疳驱邪与谷神崇拜》）

正月二十五天仓节，旧称填仓节。晨起，在院中画一圆圈，以灰为标记，撒五色粮食少许，上覆以砖，以祈五谷丰登。

二月二。进入二月，农事活动一般都正式开始了。惊蛰多在二月二前后。"春雷惊动，万蛰皆起"。二月二大早起来，陇东的孩子们就提上木棒到田野打瞎瞎 (一种田鼠) 拱起的土堆。其意义当是对农作物虫害的一种示威。这天早上各家普遍炒食豆子或棋子豆 (一种面做的类似豆子的食品)，据说是为了炸害虫，也有"使虫鸟明目不糟蹋庄稼"之说 (见《灵台县志》)。蒸枣山是陇东一些地区的重要习俗，大多地方在腊月二十八或三十蒸做，个别地方在二月二蒸。枣山用直径约3厘米的面花旋成面人，十二面环环环相扣，每环嵌一定数目的红枣，头部呈椭圆形，五官用黑豆镶嵌，胳膊、腿用圆柱形面杠做成，背后由两根红筷子支撑，以便立放。枣山多是专为祭祀土地神做的。二月二日，由家庭主妇送到地头，全家先拜土地神，再拧下几块献祭、祈祷。然后，由户主套犁耕一段地，以合"龙抬头，大仓满，小仓流"的俗谚。也有的将枣山放到开犁第一天，端到地头焚香祭祀土地，纸炮响过，一家老小在地头分吃枣山，然后开始耕地。当地人说，这样就可保证一年之内耕收打碾不遭洪涝雹霜等自然灾害，也不会损坏农具，风调雨顺，五谷丰登，粮堆如山。进入二月之后，农业对雨水的需求显得尤为突出，故二月二成了龙的节日。先人们大概以为雨水是龙带来的，在易遭春旱的陇东，龙在人们心目中地位是很高的。炒豆子习俗也和龙的故事联系在了一起。传说武则天当政，玉帝大怒，三年不许下雨，地上旱得像着了火。有一条好心的小白龙可怜人们，违旨降下甘霖，于是被玉帝压在山下，降下旨意："要得重登灵霄，除非金豆开花!"人们为救小白龙，家家炒黄豆、玉米花。玉帝误以为金豆开了花，小白龙终于重登灵霄，这天恰好是二月二日。这就是陇东二月二炒金豆的来历。一些地方这天早饭专吃搅团，意谓"为龙护 (糊) 甲"。

进入三月，麦苗青青，油菜花黄，农忙季节就要来临。在大忙季节来临之前，有一段休闲时间，这段时间各地庙会活动接连不断。庙会最初是一种娱神求平安祈丰收的活动。演变到后来，直接服务于农业生产的目的日益明显，庙会不仅可使人们得到大忙前的暂时休憩，而且是重要的物资交流场所，为人们买卖农业生产资料提供了便利。陇东三月庙会以三月十八西峰老宫殿庙会最为盛大。这个庙会就是专门纪念农业文化的先祖公刘的。结合热闹的庙会活动，三月三成了陇东的"踏青节"。但在静宁一带，三月三这个日子还有其特别的意义，那便是祭喇嘛墩。喇嘛墩为一圆锥形土台，修建在村庄附近最高的山顶上，四周筑以围墙，门朝村子方向开。每年的三月三，村上请一喇嘛或法师，带领村中长者上山祭祀。据说，祭喇嘛墩是为了阻止冰雹袭击这个村子的庄稼。喇嘛墩是个很神圣

动农 |

又很神秘的地方，平时大人小孩牛羊都不得进入围墙内，以免惹恼天神，降灾下来。

四月八浴佛节，各地普遍起庙会。灵台以四月八为麦子诞辰日，除唱戏宰牲祭祀外，人们以家族为单位敲锣打鼓去麦田祭青苗。队伍由挂在长竿上的幡和纸鹰前导，人们手执白色小三角旗，绕田游走。麦王诞辰日的青苗祭，实质上是一种集体驱虫仪式。

五月端午。五月，防治病虫害仍是农业的中心话题。端午这天，孩子们佩五色绳、香囊，幼儿还要戴五毒（蝎、蛇、蜈蚣、壁虎、蟾蜍）绣花肚兜，或在胸前后背缀五毒香袋，身体有窍处涂抹雄黄，以祛毒避虫害。这天多食糯米饭和粽子，要给粮囤、磨子等处献祭。五彩绳磨断后不能随便扔，要扔在牛圈里，人们认为这样母牛会多生牛犊。陇东西部端午节有点高高山祭天祭山的习俗。几天前，放牛娃们就拾掇好柴火，在山顶堆一个高高的山形的柴垛。过节这天一大早，全村老少就牵着牛羊骡马，拿着香表上山。祭祀之后，由放牛娃头儿点着"高高山"，人畜围着高高山嬉闹狂欢。中午，进行"压山"活动。这是一种既含祈请又带强制性的颇为原始的巫术仪式。大概是由于特殊的地理形貌多招

｜庆阳香包

雹灾的缘故，这一活动驱除雹灾的意义比较明显。压山仪式选择在村郊最高的山顶举行。巫师在山顶四角和中间各埋一只碗，上插小旗。巫师诵经祭山，边念便舞，走遍每个地角，然后把大印朝空中掷去，这时人们齐声高喊："白雨过去了！白雨过去了！"祭山中，斩鸡和狗的头，用其血浸染事先准备好的白纸旗；压山后给每户一叠，插在不同谷物的地里，以防雹灾虫害。五月二十六在镇原一带是"秋"的生日，人们以这天有雨与否预卜秋庄稼的收成。

六月六。在陇东某些地方以六月六为麦子的生日。这时正当小麦收割入库之时，大概是寄寓了再生之意。

七月的第一个节日是乞巧节。"七月七，姑娘节，习清晨入草打露，并以五谷籽粒各七颗置于瓷盘，以生芽快慢多少卜其聪巧。"（《宁县志》）七月十五在华池北乡是荞麦生日，人们在荞麦地头化纸焚香祭祀荞麦，以祈丰收。七月，是陇东又一个庙会集中的月份。这个时间的庙会，多有庆祝收获答谢神祇的含义，同时也为即将开始的秋播做些精神和物质上的准备。

八月十五中秋节，是家人团圆的节日。这天，陇东农家用新麦面自制月饼，大的如尺八锅，最小的也有碗口大，数层相

乞巧节 |

叠，饰以花纹图案；晚上，全家人围坐一起赏月吃月饼。这实际是一种群众性的庆祝丰收的活动。人们品尝着丰收的果实，不忘开创基业的先祖："是月也，农事获，献早禾祭先祖。"（《庄浪县志》）

撒牧。重阳节过后，陇东一些地方有"撒牧"的习俗。一大早，人们就把牛羊骡马猪狗鸡鸭轰到野外，在收割过的田野里自由地活动。这对人们及时收割、搬运起到了无形的督促作用，而且，残留在田野的粮食颗粒经畜禽捡拾一遍，不至于白白烂掉。

进入腊月，年岁将终，陇东人把勤劳、节俭等农本意识也带进了一年里最后的节日习俗中。初五，不少地方以杂豆煮粥作为早饭，象征一年到头不断粮。初八，家家吃"腊八粥"，取惜粮勤俭之意。粥，多是小米及各色杂粮小豆熬成，有的则以搅团（玉米粉特制的稠粥）代之。腊八粥盛在碗里呈粮囤状，且不能吃光吃净，要在碗底剩一些，形状像粮仓。这顿饭做得很多，给牲畜吃一些，在院子和树上也要撒点一些。剩粥在以后每天饭中都要加一些，一直吃到除夕，意谓五谷杂粮长年不断。镇原一带腊八早上兴"斫雀头"，主妇们赶在麻雀聒噪之前把饭做好，饭是面制的状如麻雀脑袋的东西。妇女们一刀切出一个"麻雀头"，叫"斫雀头"。这是对麻雀的一种诅咒，大概是嫌它们糟蹋庄稼。腊八，又是预卜丰歉的日子。头天夜里，放一碗糖水于户外或牲口槽内，翌日晨视冰纹方向或形状预测何方收成或何种牲畜兴旺。腊八这天，一些村落还有聚在一起击鼓鸣锣取乐的习俗。"腊鼓鸣，春草生"（《吕氏春秋·季冬》）。腊八锣鼓，不仅奏响了新年的序曲，而且具有催春的意义。

流逝的是时间，流不走的是代代相传岁岁相袭的时令、节日。虽然大多节日已经失去了存在的现实基础，但却以一种象征的意义在人们心中扎根，作为一种信仰使行为的民俗得以传承。正是这样，在流动不息的时光链上，农本意识如牢固的金丝线，串起了丰富神秘的陇东节日习俗。

（2）运转：辐集式的生命之轮。

民俗，作为一个民族的共同文化现象，具有跨时代的承传性，它是一定历史阶段社会生活的产物，延续下来之后又作为一种有形无形的规范透融在后世人们生产活动和生活习俗之中，以文化传统的形式构成民族成员生命的一部分。陇东人厚重的农本思想便是这种承传与现实结合的产物，从不同方面辐集于生命之轮上。

人生礼仪。在陇东民众的生育和婚丧大事中，表现出鲜明的土崇拜和谷物崇拜心理。小孩一出生就和黄土结下了缘分。妇女临盆之前，家里早早就准备好几筐细匀如面的黄土，临产，炕周围以谷草，炕上撒一层黄土，新生儿就呱呱诞生在黄土之上。可以说，陇东孩子来到世界上的第一件事就是"土浴"，睁眼所见除了母体就是谷草。以后，随着文明程度的提高，不用土浴了，但孩子脐带剪断后，仍要用黄土涂抹肚脐。在陇东人眼里，黄土是洁净、神圣而有神力的东西。传宗接代，在陇东人心中占据着至关重要的地位，重男轻女现象比较普遍。由种意识衍生的男性生殖器崇拜，也表现在对男孩儿生殖器的昵称上，这昵称便是"牛"。把传宗接代的生命之根和农业生产力的重要代表"牛"等同相称，可见在陇东人的意识深层农本与人本的一致性。成人后的第一件大事是婚姻，陇东的婚礼多很隆重：新娘离家时，必须由女婿或娘家哥背上花轿，必须换上新鞋，鞋底不能带走娘家的土，据说粘上了娘家的土会把娘家的福气也带走的。花轿到婆家，婆家人要"迎花"。迎花就是向新人头上撒剪碎的草节，现在多以彩色纸屑代替。拜天地时，香案上要放盛着粮食的升斗。入洞房也有讲究：由婆亲人把新娘背进洞房，置于炕上，然后新郎亲自把粮斗抱进洞房，放在炕角，新娘面朝粮斗而坐。大概是"新不离粮"吧！有些地方，新郎开门先入，手端装有五谷、草节、铜钱的升斗，先在洞房里撒一圈，然后迎着新娘泼撒。这象征新人进门，带来了粮和财气。新人进厨房叫"进门"。门上挂一个馍馍一根葱，新人一人咬一口方可进门。有的挂两个馍馍，进门时新郎咬一口，新娘揪下馍馍，拿进厨房，先拾起婆婆扔在地上的笤帚，再把馍馍扔进水缸，根据仰扣预卜生男或是育女。接着是揭碗子。倒扣的三只碗下分放着盐、肉和麦麸，新人依次各揭三次，揭中盐者有缘法，揭中肉者不缺吃的，揭中麦麸者有福气。这种对新婚夫妇的祝福和生殖崇拜习俗，也是通过农作物的种子来实现的。死亡是生命的终极，是一个人来到世上的最后一件事。气绝之后，先得移尸于地上。这个仪式在陇东叫"落草"，亡人身底要按享年铺相同数目的谷秆或麦草，右手腕拴一"打狗饼"。农作物养活他一生，终了还需得它们的茎叶载他（她）去阴间，靠它们的果实打通阴司路上的难关。有的地方则讲究"死不粘炕"，要将亡人放在棺盖或木板上，称作"搁板"。这里有"离土即死"的含义。殡埋时，棺木入土要撒一些五谷杂粮。也许这是馈赠给逝者的作为人的最终的标记，也许是为了逝者到另一世界不挨饿受穷。同时，以农作物的强大生命力寄托了生命不死、代代相传、兴旺发达的美好心愿。

生活习俗。作为礼仪之乡的陇东，民风淳朴，亲邻之间礼尚往来，情谊甚笃。由于以务农为本业，在乡间，红白喜事，探亲望友，多以馍馍作为"带礼"的主要形式。馍馍，对于一般农家来说都能拿得出，对于受礼者也比较实用。目的不同，场合不同，馍馍的数目和样式也有所区别。带馍送礼，是庄户人家交流感情的一种形式，也是对主妇手艺的检验和宣传。年复一年，翻新出巧，使得面塑成为陇东工艺美术园林中的一枝奇葩。

生儿育女，亲戚朋友要来喝喜酒，少不了一番热闹，在仪式的隆重上仅次于婚丧大礼。女儿养娃，跑忙了丈母娘。小外孙还没出生，外婆就送来了关心和体贴。新生儿降生第三天，孩子的父亲带上礼物先去岳丈家报喜，"带食"而归，俗称"带奶要粮"。随后，丈母娘带上亲手烙制的大饼或油花馍馍来慰劳女儿、外孙。第二十天再来探视。满月，则带十个馍馍及项圈、衣料、鸡蛋、点心等和亲友一起喝"满月酒"。传宗接代是陇东人心目中的头等大事，而"带奶要粮"又是有了孩子后的头一件大事，可见农本意识的根深蒂固。

在陇东，吃拉魂面是妇孺皆知的习俗。正月初七为"人日"，家家尽吃细长面。据说人日吃细长面可以把"魂"拴住，保一年健康平安。孩子受惊吓而病，或久病不愈，或夫妻失和，家中不宁，统认为是失了魂。失魂就得招魂，俗称"叫魂"。这个仪式分两个阶段进行，第一阶段在野外唤魂、引魂，第二阶段在"失魂人"自家屋中安魂。经过一套繁琐而神秘的仪程之后，最终落脚在给"失魂"者吃一碗"拉魂面"上。把人的生命系在一根细长面上，农业的本体地位在生死攸关的时刻被显赫地凸现出来了。

生产习俗。农事活动是农业生产的直接行为。以农为本的陇东人差不多是怀着一种神圣感来进行这一活动的，从播种到收获有不少的讲究。一些地方仍保留着开犁第一天献"枣山"以祭土地的习俗。小麦是陇东的主要粮食作物。种麦时节，为了不违农时，多在地头吃饭，于是有了"送麦饭"一说。送来的饭要有馍有汤，这样干湿结合才能保证风调雨顺。馍馍多是状如旋涡的油糊圈，象征本年小麦长势肥壮厚实。千万不能烙死面饼子，因为死面饼火味重，吃了这种饼子，庄稼要遭旱灾的。送麦饭，关键在一个"送"字。送饭人出家门时，在家的其他人都要送出门外，心存虔诚，眼含期望。地里人未食之前，在家的人不能先吃。种地人吃饭之前，先要往新翻的泥土上撒点稀饭、汤水之类，以示对土地的尊敬和感谢。播种结束，合家在一起吃顿"挂犁面"；收打完

| 陇东细长面

毕，则要吃顿"挂镰面"。搭麦垛，是带有喜庆性质的重要生产环节之一，届时庄上邻里都来帮忙，主人家则治酒宴招待。根据各人家底不同，菜肴有厚薄之分，但鸡却是少不了的，鸡头要留给在垛顶收垛心的人吃，作为特别的答谢。

有形的农事习俗约束人们的行为，而人们接受它却在于心理信仰这无形的习俗，并由此产生了与农业生产有关的自然崇拜和禁忌习俗。自然崇拜，如陇东普遍存在的对土地和水的神化、膜拜，大凡是村都有土地神，河河都建龙王庙。有些庄户，干脆把土地爷请进宅内，坐在自家大门旁的神龛里。还有一些禁忌习俗，如忌嘴馋吃籽种，忌女人坐犁头、石磙，忌娃娃坐耧杆，忌白蹄子犍牛跳犁沟播种，忌麦子抽穗时给娃娃剃头，忌麦黄时在地头吹口哨，忌糟蹋粮食，等等。

对于农业生产，不但在行为习俗上给以约束和规范，而且在长期的生产实践中总结出成套的谚语、口歌，以揭示农事活动的规律，强化其操作性，如"清明前后，点瓜种豆"，"深栽茄子浅种烟，干种玉米湿种麦"，"锄头底下三分水"，"一个驴粪蛋，半碗小米饭"……这样的农谚、口歌，在陇东各地是非常丰富的。

（3）延伸：神圣的心灵之路。

民俗的力量，既是一种精神文化现象，又是一种物质文化现象。物质文化约束人们的行为，精神文化则塑造人的心灵，形成心理信仰。陇东民俗中的农本意识，作为一种精神文化现象，融注在代代相传的思想、道德、伦理观念的教育中，成为重农、崇农习俗的牢固根基。这一精神文化承传，主要是以民间故事、传说、歌谣、谚语、游艺等为载体的。陇东农村蕴藏着丰富的民间文学宝藏。

农业起源传说。粮食，与人类的生存息息相关，一颗小小的谷物籽种，竟能长出不同的形状，繁衍出无数的同类。在人类文明的初始阶段，种子对于先民无疑是有着超自然力的神秘意义的，由神秘感而产生崇拜心理，继而创造出了农作物起源的故事。陇东的主要粮、油、蔬菜，如玉米、小麦、荞麦、胡麻、土豆（马铃薯）等，都有自己的"创世神话"，而这些故事中大多都有某种神的意志在里面，这就更增强了作物"出身"的崇高美和神圣性。

农业生产由刀耕火种到农具的使用，大大地解放了生产力。人们运用自己的想象力加以解释，用文艺形式讴歌这一文明成果和历史的进步。陇东的农具传说、故事，特别强调了实践在科技进步中的关键地位。如玉帝让人去铲草，人铲起来很费劲，就踏弯了铲，锄头由此而产生。（见《平凉地区故事集成》）而从《铁九火炮击龙王》一类传说中，则不难看出陇东人民在创造历史的艰苦途程中，不断用自己的聪明才智战胜灾害发展农业的点点足迹。

牛马等役畜是人类由蒙昧的黑暗走向文明的黎明的得力助手，在人类开拓农业发展生产的历史进程中，和人类是患难与共的伙伴。在陇东存数不多的役畜传说中，多表现了对患难伙伴的感激和尊重心理。如《牛的来历》中就把牛说成是西天佛转世的，只因怜悯尘世百姓，被玉帝一脚踢掉了门牙，罚到世间去养活人。

有的起源传说，出于"农本"观念，对轻贱农业、糟践粮食的恶习表现出极大的厌恶。有则传说叫《人吃狗的食》，讲的是人类糟蹋粮食惹怒了玉帝，要把庄稼所有颗粒收走，狗流泪哀求，才留下一枚给它。这固然是人类由渔猎时期进入农耕阶段残留信息的闪烁，而这样的传说能留传至今，仍为群众所喜爱，更在于这种"贵粮"故事形象地暗示了农业是人类生存的命根子，极富讽刺意义地批判了轻农贱农的所谓的"高贵者"的卑劣（人不如狗），起到了警示后人的作用。

农业发展史上与大自然斗争的故事　如前所述，陇东经济主要是农业经济。在向农业进军的道路上，前人付出了艰巨的努力，摸索、积累了不少经验，也吸取了一些教训。在长期的对大自然的利用和斗争中，陇东人民在创造物质文化的同时，创造出了属于自己的灿烂的精神文化，留下了许多美丽动人的传说。这些传说形象地再现了陇东人开创农业发展农业的艰苦历程。如《崭龙湾》就记载了周人在陇东开创农业文明的历史；狄仁杰梦斩九龙的传说，记载了大唐名相狄仁杰知宁州时带领民众治理水患的政绩，和耸立在宁县庙咀坪的"狄梁公坠泪碑"及以"青牛"命名的村庄一起，映照出了历史的真实。其他如"魏征梦斩泾河龙王"，"治平川的传说"、"马圈山"、"铁九火炮击龙王"等，都能在这块土地上找到赖以产生的根基和现实的影子。

农本观下的道德标准和价值取向。陇东农家子弟，从小到大都接受过诸如"要与人家比种田，不与人家比过年"、"家有万石粮，说话比人强"之类的家庭教育。广为流传的"兄弟分家"、"三女婿走岳丈家"、"算黄算割"、"懒汉挖金"、"羽人美女"等民间故事,都强烈地表现出以农为本、奖勤罚懒的价值取向。《汗龙的故事》是这类故事中很有代表性的一个。故事说的是卖柴汉杜青山劳动的汗水把扁担浸得油光明亮,一老者点化说这扁担成了"汗龙"。财主朱万福听说后,把"汗龙"买来,用红绫包裹供奉起来,不到半年,"汗龙"又变成一根干柴。朱万福拿起扁担找杜青山算账,半路上巧遇那个老者。老者说:"可惜这'汗龙'了。长时间离开汗水,已经渴死了,成了一文不值的废物了。你还找青山干啥,只怪你没用自己的汗水养着它。"这里,突出的是一个"勤"字。而"俭"在陇东人心目中则是与"勤"相依共生的又一生活准则。除了上文提到的《人吃狗的食》外,还有许多此类故事,有的和岁时节庆活动结合在一起,成为思想教育的好教材。比如陇东端午节插艾插柳习俗就有一个民间故事的背景。传说扬州人奢侈,玉帝意在五月初五火烧全城以示惩罚。一位好心的神仙化作老者让各家五月初五一早就在门上插布艾柳,并告诫人们不可再铺张浪费了。端午这天,玉帝从南天门往下看,见草高过房顶,以为人都死光了。于是,扬州人才躲过了那场灾难。而插艾插柳的风俗却由此而传遍全国。

农本思想浸染下外来传说的变异 鲁班本是木匠的祖师,而在庄浪却有这样的变体传说:从庄浪南峡到北峡,沿葫芦河上行,有鲁班炕、鲁班屋、鲁班担、鲁班筐、鲁班倒鞋土等遗迹。传说鲁班为一巨人,挑担赶猪来开发葫芦河,不料扁担折了,筐里的谷种顺水漂流,遍布葫芦河流域,炎帝子孙得以在此定居。陇东历史上的重农轻工传习,由此可见一斑。

对农业生产行为的直接礼赞。陇东,是民歌的宝库,曾产生过《军民大生产》《绣金匾》等唱红全国的精品民歌。其中，不乏对农事活动和生产行为的直接礼赞，如《十劝人心》《细水长流》《腊八》《务农曲》《四季忙》《二十四节气歌》《燕子和麻雀》等。这些内容不只是生活的反映或劳动人民愿望的体现，更是作为一种精神传承活在一代代人的心中嘴上。一些谚语直接表现了农本观念，如"七十二行，庄稼为王"，"皇上皇上，离不了土养"，"有钱修个面朝南，有官不坐去种田"等。

陇东是有名的社火、秧歌之乡。每年正月初六出村，二十三"谢将"，集中活动半个月时间。各村镇都要举办丰富多彩的社火活动，并且村到乡，乡到县，县上到地区，轮回表演，煞是热闹。社火，从某种意义上说就是为当年的农业生产鸣锣开道的。特别是社火队的灵魂——春官，本身在远古就是宣传节气知识，教授耕作技术的职官。今天，社火队的春官仍然有这方面的功能，他才思敏捷，嗓音洪亮，即兴赋诗，出口成章。灵活风趣的春官词，不妨看作是一年一度的"劝农歌"。

2.陇东民俗文化的特点。

民俗，作为人们在长期的社会生活中共同创造的、广泛流行的，同时被当作某种规范加以保持的习惯，由于地理环境、历史条件、民族等因素的不同，成为最具鲜明地域性特征的传承现象。以农本思想为主要内容的陇东民俗，尽管各地也存在着差异性，但作为一个共同区域，其共同性特征也是明显的。

（1）浓郁的自然崇拜色彩。

自然崇拜，来自先民的万物有灵观。陇东民俗保留了较浓郁的自然崇拜色彩。

首先是作物崇拜。人们对农作物怀有一种特别的感情，曾被认为是有神灵的，且和人一样有它们的生日。为了使之高兴，赐福给人，就要给它们过生日，于是就有了四月八麦生、五月二十六秋生、七月十五荞麦生等说法及相应的庆贺仪式。人过节，对作物也总是念念不忘。在一些重要节日里通过各种形式卜测丰歉，为作物占卜命运。广泛流行于陇东的"燎疳"，被认为是除秽驱邪仪式，其实也是典型的谷神崇拜遗俗，剪、烧"疳娃娃"很可能是人牺的演变（详见拙文《燎疳驱邪与谷神崇拜》）。作物崇拜还表现于把人生大事与粮食相连，休戚相关，如结婚时香案摆米斗、迎

春官说仪程 ｜

花撒五谷、草节；殡埋向坟地撒五谷、硬币；七夕借种子的无限生殖力为姑娘乞巧、赐以良缘等。

其次是土地山水崇拜。一方水土养一方人。在生产力水平低下的陇东先民那里，认为父母给了自己肉体的生命，而要一代一代地活下来，却是靠了土地山水的神异力量。于是，敬而畏之，祷之祭之，各村社都有土地庙，土地神成了另一意义上的地方长官，而且还要在灵山圣水之处造出一尊尊专职地方神，如龙王庙、娘娘庙等。特别是水，在干旱的陇东更有特殊的意义，敬河神、湫神也就十分普遍，地方志中保留了大量的记载。泾河是陇东最大的河流，至迟自唐就有泾河龙王的传说。元肃政廉访副史王柏曾作《五龙庙记》："凡水旱疾疫蝗蝗作孽，有求必应，一方之内依旧敬信，时致祭。"宋李鉴《善女祠记》："安定郡东北陟高原有善女湫者，澄澈百亩，中央未穷深浅，水东列崩，春秋以时祭之。"（载《泾州志》）"四月农人祀山川湫神以祈谷，谓之青苗醮。"

(载《静宁州志》) 正宁有湫头乡，兹因有名湫而成一方名胜。据乾隆年间修撰的《正宁县志》载，此湫为"祷雨之所，旁设龙祠，规模壮观。唐开元中建，僖宗封应圣侯，昭宗封普济王。宋太平兴国二年封显圣王，详载碑记。今每年四月初八日，各州县农民以旗幡鼓乐至湫取水注净瓶，归置本境龙祠"。

此外，还有一些季节性的自然崇拜活动，比如西部山区的端午节"点高高山"，静宁的祭喇嘛墩，更是与农业生产有着直接的联系。

自然崇拜是农本意识的直接现实。陇东民俗的农本意识，与长期形成的以农业经济为主要成分的陇东经济基础是相适应的。但农本并非目的，考究起来，只能是在生命本体论之上派生出来的第二崇拜。因为"食、色，性也"，"农为本"归根到底是"人为本"，农本，最终还得追寻到"为了生存"这个根本上。而且，从生命本体论出发，人根据自

| 庄浪朝那湫

身的生理、心理推想到自然亦如人，于是便有了泛灵论的自然崇拜，有了顺应时序节律的岁时习俗，有了尊崇、迷信加强制的集体心理特征及随之相生的仪礼、规范等表征形式，有了精神传承的需要及以农本为中心的向现实生活的辐射和对历史的穿透。

（2）与封建迷信相杂糅。

祈农民俗表达了人们盼望丰收、希求丰衣足食的美好愿望，但许多事项在仪式上具有迷信色彩，这主要反映在岁时活动中的祭祀仪礼及对自然山川的神化膜拜和为了丰收进行的禳解消灾仪式上。迷信，是在生产力不发达的条件下，人们对自然现象由不理解而产生崇拜心理的必然结果，经历代统治者的提倡而作为相对稳定的形式被承传下来。由于地理位置的相对封闭，陇东这类习俗是很多的。如北石窟院内的寡妇井，过去一遇旱灾就在此举行祈雨仪式，而祈雨仪式中最关键处乃是由几个寡妇来淘井，据说这样才能感动龙王。这是很不公平，也不人道的。再如"点高高山"时所进行的"压山"巫术。将鸡血、狗血染的纸旗带回插在自家田中，相信便可消除雹雨灾害，希图通过交感巫术取得丰产。还有扎"扫天媳妇"以除淫雨，焚香化表祭谷神，等等。有一年，陇东遭受六十年未遇的大旱，许多乡社的农民便自发联络、集资，请本县或陕西的剧团唱祈雨戏，祈请"苍天开眼"。

我们要尊重民间信仰，但也要注意不要迷失在迷信里。迷信，是科学的大敌。认识到这一点，我们就应剔除这类民俗的迷信成分，导引到科学的轨道上来，让民俗更好地为社会建设服务。

（3）古风遗俗的活化石。

古朴、原始，是陇东民俗的一个重要特色。既使在21世纪的今天，流行于陇东的祈农民俗事象，依然闪烁着我国农耕文化初创期的古朴露珠。尤其是周文化对陇东风俗的影响，可以说是全方位的，许多至今仍很盛行的习俗，从周文化中不难找到直接的联系。比如陇东的狂欢节——燎疳，即可追溯到周始祖燔柴祭天这一源头。过去，陇东的一些乡村，村民将居住地附近山头的腰岘作为祭祀天地鬼神的场所。在特定的日子，先把地扫干净，放上一些树枝、柴草，然后面向山头，点燃柴草，焚化纸钱，有的还要献上野菜。这一习俗与周人祭祀习俗如出一辙。还有祭祖、婚丧大礼的一些仪程，都可在周礼中找到原初的文字的依据。

精神文化传承是顽强的，并不都随物质文化的改变而消失。但在陇东一些偏僻山区，古习俗在物质文化上也有反映，表现出某种原始性。笔者上世纪70年代在陇东一个国营农场工作过，那里的工人往地里送粪或往场里运庄稼，主要靠一种叫"拉拉"的运输工具。何谓"拉拉"？就是用四截粗壮的木头做成方形框架，由老牛拉着它上山下山，实在笨重得可以。至于"陶复陶穴"式的居住习俗，在陇东更是司空见惯。

（4）不朽的人生教科书。

一代代的陇东人把自己的人生经验传家宝似的交给生命的延续者，铸造灵魂的工程从幼儿时期就开始了。作为永恒的精神矿源，农本思想教育是当之无愧的。陇东的孩子们从光腚到长大成人，浸泡在浓厚的农本思想氛围中，这对其成长起着十分重要的作用。农本，也是做人之本。陇东乡间，"耕读传家"、"勤为本"一类门匾随处可见。教育子孙爱劳动，爱粮食，勤俭节约，从平时的言传身教到故事歌谣的形象感染，形成一套良性的精神传承机制。好吃懒做、不劳而获被视为最不光彩的行为，这样的人也往往成千夫所指的丑类种进孩子的记忆，对其人生理想起着潜在的校正作用。正是一代一代的农本思想教育，地、县志才普遍有了这样的民风记载："安定、北地好稼穑，务本业，有先王遗风"（《汉书·地理志》）；"不是（事）商贾，唯知力稼……如《豳风》

所咏，咸备物焉"（《庆阳府志》）；"泾居秦西鄙，地瘠民朴，半多穴处，郁郁之遗风焉。地广、原多用少，畏旱潦，宜五谷、蔬菜，农民务稼穑，耕耘之外无他能……"（《泾州志》）。

随着社会的进步，尽管读书升学已成为当今家庭的普遍追求，但农本思想这一基本并未也未敢动摇，并成为这些"跳龙门者"道德观中珍贵的营养。

（5）松散背后的序列整合。

民俗事象在传承中不断被改造变异，而且仅是具有严格的规范性，而没有强制的约束力，呈松散状态。这一点，从不同的地区有各自的讲究，即使同一习俗，也会因地域、宗族等因素而有截然不同的内容上足以得到证明。如陇东东区与西区、董志塬一带和北部山区，在习俗上就有明显的差异。随着科技意识的加强，很多农户已不再讲究那么多的繁礼缛节了，但信者则自信之。

考察农本意识在陇东民俗中的表现，在松散的背后，却有一种无形的整合力量，使得这些零散的事象成为有序系列中的有机环节。这无形的力量，来自农业生产自身的要求，是某种规律的变性形式。具体地说，是人向自然寻求契合，体现了中国传统文化的天人合一思想。像岁时民俗，从正月到腊月，按气候节气的变化和农业生产的需要，有一套服务于农时的习俗，各有中心，自成体系。再如人生礼仪，人的生命之树与农作物的生长相耦合，也有一套与土和粮食共荣共存的序列。再从渗透的领域来看，生活、生产、仪礼、道德、信仰、技艺，无所不在，无处不有，并从多方面辐集于农本这一中心。

3.陇东民俗文化的成因。

民俗，总是特定土壤孕育出的独自的花朵。陇东民俗中浓厚的农本意识，与陇东的历史、地域及民众的生活方式有着深刻的因果关系。民俗，既是一种现实文化现象，更是一种历史文化现象。陇东民俗中的农本意识，首先来自该地区悠久的农业历史。1920年，法国神甫桑志华在华池县赵家岔雇人挖"龙骨"，却意外地在黄土底部的砾石层中发掘出了一件黑色石英岩打制的石核和两件石片，这就是世界公认的我国最早出土的旧石器。后来，我国考古工作者在陇东发掘出20多处旧石器遗址，最早的据今当在50~60万年。这些遗址中还发现了燃烧过的木炭屑和兽骨。这说明50万年以前，陇东就开始有人类活动了。至于新石器时期遗址，更是遍布陇东，仅庆阳地区就有800处以上。宁县新堡、坳刘新石器遗址出土了五六千年以前贮存的谷种，在其他遗址中还发掘出了加工谷米的磨棒、蒸食器皿等，这证明当时陇东已有了农业雏形。史书也保留了关于陇东早期农耕文化的记载。据《史记》载："夏后氏政衰，去稷不务，不窋以失其官，而奔戎狄之间。"如前所述，多种史料及考古发现，说明不窋所奔的"戎狄之间"即今天的庆城一带，宁县有古豳国城遗址。不窋把先进的农业技术带到了戎狄少数民族地区，"教民稼穑"，是为北豳，后历经鞠陶、公刘三代，使"周道之兴自此始"。这就是说，在3000多年前，周人先祖就在陇东泾河流域开创了中国较早的农业。后来才沿泾河南下，定居岐山一带。《诗经》中的《大雅·公刘》《豳风·七月》等诗歌就反映了当时泾河流域农业盛况和周人在陇东劳动、生活的情景。武王灭商，建周。周朝历代皇帝都要到庆阳祭祀，并在庆城北关建造了"周祖行宫"，命名"皇城"。至今，庆阳东山还有"周祖遗陵"，县城兴教寺铜像衣襟上还铸有"周祖行宫遗址"字样。明朝在庆阳县修建了"周旧邦"木牌坊，今犹存。西峰市温泉乡有公刘殿，每年农历三月十八为公刘殿盛会，士民云集，陕西人成群结队前来寻根认祖。陇东考古发掘出先周和西周文化遗址较多，灵台西周文化 (青铜器) 为"中华之最"。所以，陇东文化受周文化浸染最重，周礼

| 周旧邦

古制在民间保存得也比较原始和普遍，成为民俗文化的重要组成部分。这是陇东民俗农本色彩的历史渊源。

不少历史名人在陇东留下了政绩，一些名人的主要贡献就在发展农业方面。如唐朝宰相狄仁杰在宁州 (今宁县一带) 兴修水利，留下了跨青牛梦斩九龙的传说。北宋时，范仲淹知庆州，一方面努力巩固边防，一方面大力发展农业，写下了脍炙人口的《劝农》诗："烹葵剥枣古年丰，莫管时殊俗自同。太守劝农农勉听，从今再愿诵豳风。"

这种由历史而来的农本意识积淀代代相传，成为陇东传统文化的精华，也是陇东人性格内涵的重要成分。

陇东，位于甘肃东部，与陕西、宁夏二省交界，介于东经105°45'至108°45'，与北纬34°54'至37°20'之间，属黄河中上游黄土高原沟壑区和黄土丘陵沟壑区。气候为温带半干旱大陆性气候，四季分明，冬无严寒，夏无酷暑，秋季多雨，日照充足。塬面黄土层深厚，泾、渭二水干支流横贯其间。这就给农作物和林木生长提供了良好的生态环境。历史上，陇东就是重要的粮食产区，有"八百里秦川，不如董志塬边"和"陇东粮仓"的美誉。

由于利于发展农业，历史上曾是"军屯"、"民屯"之地。战乱，使陇东居民几度锐减，但历代统治者又从内地大量移民，屯垦实边。据考，从秦始皇三十三年 (公元前214年) 开始至明洪武八年 (公元1375年)，大的移民活动就有六次之多，除唐高祖年间李世民北伐突厥，将被俘军士及突厥男女十万人迁居陇东外，其余五次都是从内地迁入的。今董志陈户乡还有"二年"、"八年"、"六年"的村名，就是以移民的时间命名的 (见梁中元《彭池札记》)。内地移民的入居，使得陇东的农业经济得以持续发展。今天，陇东仍是甘肃主要粮食产地之一，农业经济仍是这个地区大多县 (区) 的命脉。就平凉地区而言，地区和七县

(市) 都先后获得农业部、国务院 "粮食先进地县" 荣誉奖。

另外，由于水利资源不够丰富，缺少发展大工业的先天条件，加之近代以来交通闭塞，商业贸易也受到一定的限制，给发展自给自足的农业经济提供了地理条件。

以上，是农本意识强烈的地理因素。

再次，周人在陇东开创了我国较早的农业经济，形成了陇东灿烂的农业文化源头。但是，由于陇东特殊的地理位置，历史上一直是中原汉族封建政权与西北少数民族政权争夺的前沿。我国历史上用以防御和作战的两大工程——秦长城和直道，都和陇东有直接的关系。秦长城从宁夏彭阳进入庆阳地区，经过该地区的镇原、环县、华池三县，由华池县元城乡营盘梁入陕西境内 (吴旗)。秦直道首起云阳 (陕西淳化县北渠武帝村)，北抵九原 (内蒙古包头市西南)，穿越庆阳市正宁、宁县、合水、华池入陕西定边。据史料记载，春秋战国时期陇东属义渠戎统治，从秦穆公三十七年 (前623年) 到秦昭王三十五年 (前272年)，秦和义渠戎之间发生过十几次大的战争。直到秦昭王三十五年，宣太后在甘泉宫设计杀了义渠王，其国遂灭。始置陇西、北地、上郡，陇东属北地郡。汉以后，战争频仍，兵燹蜂起，陇东人民饱受颠沛流离之苦。北方游牧民族几次大规模内迁或入侵，陇东几度成为民族杂居地区，出现时农时牧农牧交混的经济格局。战争，给人们带来了严重的灾难，人心向往安定的田园生活。于是，农本思想就和人们的理想、愿望交合在一起，使本就有着深厚历史渊源的农本意识又从心理上得到进一步的强化。庆阳市府所在地的西峰区有过正月二十的习俗，这一天是一年中最热闹的一天。据说原因就是有一年正月十五人们躲避战乱在外，二十那天才陆续回到家里，当天补过了正月十五这一传统节日。由此，留下了永久的纪念。

　　陇东在历史、地理上的特殊地位，使之成为中原农耕文化与西北草原文化交会、冲撞的地带。两种文化的冲撞、交会，给陇东文化注入了开放的因子，但"守"却一直是居主导地位的战术思想。陇东的土地上，历史留下了众多的城垣，大多乡镇都有断垣残壁遗存，这从一个方面折射出了封闭型的文化心态。陇东人自责自家没出息，恋家，不抱外面的金娃娃，只抱自家的土娃娃，把生活家计牢牢地拴在家庭农业这个桩子上。笔者在西峰生活多年，就当时西峰的个体商业来说，缝衣店、沙发铺多是江浙人经营，豆腐是湖北人经营，钉鞋的多是四川人。当地人看不上这些买卖生意，只是守好自家那几亩地。当然，后来有了新的变化，旧的观念在商品经济冲击下正在改变，年轻人中闯深圳、珠海的也不少。近年，进城打工的人也多起来了。

　　民俗研究应为现代经济、文化建设服务。认真分析陇东民俗中农本

| 秦直道

意识的表现、特征及渊源，对于巩固和充实"陇东粮仓"，发展以农业为基础的多种经济成分复合的地方经济，有着重要的认识价值和指导意义。

燎疳驱邪与谷神崇拜

正月是一年中最热闹的月份。除夕之夜欢乐的鞭炮声催落了新春的面纱，农历新的一年就浓妆重彩地登场了。各种祝颂活动十五前后达到高潮。高潮之后，"年"就过完了。但在陇东，过了二十还有一个特别节日，这便是正月二十三晚上的"燎疳"。这天晚上，你若来到陇东农村，就会看到一种奇特的场景：各家大门口都燃起一堆篝火，一家人争着从火堆上跳来跳去。腿脚利索的青少年自不用说，即便是八十岁的小脚老太太，也要爬下热炕，颤颤巍巍地从火堆上走几个来回。还不会走路的小娃娃，则由大人抱在怀里，分开胖乎乎的小腿，从火堆上跳几回。柴，是孩子们早早从野外拾掇来的杂草成谷草之类，白天散放在大门上和院里各处，这叫"散疳"。然后，眼巴巴地盼天黑。匆匆吃过晚饭，不用大人吩咐，孩子们便去执行他们庄严的使命——点火。明亮的火光驱散了初春的寒意，映得院落一片通红。男女老少围着火堆跳来跳去，烤暖了身子，烤得心里热乎乎的，平日里横在公媳、父子之间那颇多的讲究，也仿佛被这火光消融了。这堆在正月二十三日晚间燃起的火，据说可以烧去旧年的晦气。跳过火堆，一年里就可以无灾无病。有人还用土块夹起火星，甩得远远的，这样就可以不害眼病了。燎疳之火在人们的眼里有着特殊的神力，老人们会从火堆里拨拉起几个土块放在门或窗子的某些地方，因为那里曾有野猫或黄鼠狼之类的野动物爬过，这些烧红的土块可以驱除那些不祥之物可能带来的灾星。主妇们不会忘记她们的老伙计——擀面杖、铲子，菜刀、勺子之类的炊具，也要把它们从灶房请出来，在这堆净火上燎一燎，图个吉利。

尽兴之后，有经验的老人便用扫帚拍打火堆，使火花飞溅，或用锨把火籽拍碎，拢成圆圆尖尖的一堆，铲起朝天扬几下，根据溅起下落的火花的形状预卜当年的收成。这叫"打粮食"。如果火花细而均匀，便说"麦成了"；如果大而圆，便说"豆子成了"；如果大而有棱，便说"荞麦成了"。如果火花中有细细的长条，那可不好，长条代表蛇，长而两端粗细不匀的是蝎子，得赶紧用土块夹起来，撂到院子外面远远的地方去，于是，毒虫们就不会干扰一家人的安宁了。为了求得小麦丰收，人们事先总是把灰烬拍得细细的，发现长条火籽就弄断它，柴草也多是选择易燃焚的蒿草之类，避免用木柴。

燎完疳之后，各家还要点燃一根由谷秆扎成的长长的火把，在各住处、牲口房、猪圈转绕过向外飞奔。一边跑一边呐喊，一直把燃烧的火把送到村外。在那儿，各家的火把都堆在一起，腾起熊熊烈焰，瘟神就这样被送走了。

显而易见，燎疳在人们心目中的祛病免灾的含义是肯定的。燎疳，是流行于陇东地区的一种定期驱邪仪式。英国著名民俗学家詹·乔·弗雷泽在考察了世界众多的驱邪仪式后，指出就定期普遍驱邪这一方式而言，前一次和后一次两次仪式之间的间隔通常是一年，而举行仪式的时间一般又和季节的某种明显转变恰好一致。如北极和温带地区于冬季开始或结束时，热带地区则在雨季开始或结束时。这种气候的转变容易增加死亡率，在吃、穿、住条件都很差的野蛮人中尤其如此，故原始人认为这是妖魔作祟，必须驱遣……但是，不论在一年的哪个季节举行，普遍驱邪总是标志着新年的开始。因为进入新年之前，人们急于摆脱过去苦恼他们的祸害，所以许多社区都在新年开始时举行庄严的、群众性的驱除妖魔鬼怪的仪式。（《金枝》，中国民间文艺出版社，1987年版第

| 燎疳节扬粮食花

819页) 陇东燎疳是符合弗雷泽这一论断的。燎疳也在寒冬已尽新春伊始的新旧交替之时，面临的是一年中疫病易行、病亡率上升的时期。可以推想，陇东的先民们是如何深受病患和灾难的煎熬，于是就把驱除灾邪的希望寄托于能够毁灭一切的火，希望用火净化生存环境。尽管社会已大大地前进了，一些神秘现象已不再神秘，但这一古老的袚除仪式却代代相传，保留至今。如今，人们虽不再迷信它的效力，但却依然表达了美好的寄托。旧年中总会有些病病灾灾或不顺心的事，依然希望这一普遍驱邪方式能给自己和家人在新的一年里带来健康和吉祥。镇原等地这天晚上要把纸剪的疳娃娃投入火堆，这疳娃娃大抵就是邪恶的化身。这实际上是一种转嫁巫术，认为随着疳娃娃的化灭，人自身的病灾也被带走了。还有一些地方燎疳时要往火堆中投入盐末、鞭炮和蒜瓣子，也是要通过爆响和特殊的气味及消毒能力驱走"邪魔"。特别是蒜瓣子，不仅取其解毒的一面，而且颇有些以毒攻毒的意味儿。

　　但探本求源，陇东的燎疳似乎和农事活动有着更多的联系。这不仅反映在燎疳的结果是"打粮食"，是农家预测全年作物收成的重要方式，而且在燎疳节的时间和活动内容上也可以找到与农业生产的联系。据考证，从远古时候起整个欧洲的农民都有一个风俗，在一年的某几天点起篝火，人们围着火堆起舞或从火上跳过去，这些篝火仪式在现代仍有遗迹。最具代表性的四旬斋篝火、复活节篝火、贝尔坦篝火、仲夏节篝火、万灵节前夕的篝火、仲冬节篝火，无一不和祈农活动联系在一起。同样，陇东的"舞火节"——燎疳，其本初意义当是一种祈祷丰收仪式。燎疳在每年正月二十三日，时值九九河开，各项农事活动就要开始，勤劳人家已开始送粪备耕了。陇东人是跳过二十三的火堆便开始一年的农事活动的。换句话说，进入农耕之前先得跳过这一堆堆篝火。因此，燎疳节的火堆在陇东先民那里是有特殊意义的。就节气看，正月二十三这个日子多数在惊蛰之前，少量的在惊蛰之后。蛰者，伏也。惊蛰，意思是（雷声）惊醒蛰虫出土活动。对于农作物来说，旱、涝、虫害是为害最大的三大自然灾害，虫灾比前两种灾害更具有不可抗拒性。先民们认为虫都是有神灵的，在惊蛰前后刚刚出土活动时，通过一定的被除仪式将其驱走是至关重要的。采取什么方式呢？那时不可能有农药，先民们自然把希望的目光投向他们心目中最伟大最有力量的神祇。有关研究表明，人类自新石器时期进化到农牧定居阶段以后，原始宗教的重心便从狩猎巫术、原始的图腾崇拜转向了自然崇拜。"而在各种自然现象中，最显而易见的一个，也是对人类生活和思想影响最大的便是太阳。"（叶舒宪《中国神话哲学》）由于近似联想的作用，火在他们心中是很可能被当作太阳的替身的，相信火能够驱除虫害，使其不得危害庄稼。这是一种既含祈求又带威胁的祈祷丰收仪式。关于火的驱虫意义，在一些少数民族传说中尚可找到。在大、小凉山就有这样的传说：

在很久以前，天上有个凶神斯惹阿比，经常到人间收租逼税，敲诈勒索。大力士阿提拉巴忍无可忍，与之抗争，打败了凶神。凶神逃回天庭，祭施魔法，把千千万万只害虫撒向人间，专门毒害彝民庄稼。眼看禾苗将被害虫吃尽，阿提拉巴苦思九天九夜，终于想出对策。他发动彝胞用箭竹扎成火把，满山遍野舞动，把会飞的天虫全部烧死。以后，阿提拉巴每年都领着人们烧害虫。他说："害虫烧不完，火把举不尽。"这样，年复一年，就形成了火把节的习俗。最直接的证据，是庆阳一带燎疳时人们总要用土块夹起火星，一边往远处抛甩，一边念着"害虫去"。燎疳过后八或九天，是农历二月二。这一天，陇东乡间多有拿上木棒赶在日出时到田野里敲打田鼠、野兔拱起的土堆的习俗，以示冬去春来，万物复苏之时，要消除虫害，保护庄稼。早晨，家家炒豆子，示虫鸟之类明目开眼，勿危害人和庄稼。从这一节日习俗，也可看出陇东先民对虫害的重视。先于此节不及旬日的燎疳之驱虫含义，由此得到进一步的肯定。

再看燎疳节的烧疳娃娃。在人类社会生产力极端落后的阶段，人们对自然现象由不理解而产生恐惧感，于是就采取媚神娱神的方式求得和解。媚神娱神的首要一项是祭献牺牲。谷灵，是原始社会信奉的神灵，人们认为禾谷是有灵魂的。非洲有些未开化民族直到19世纪还有祭杀活人以娱谷神的恶习。在中国历史上，献祭人牺以娱河神、亡灵的也不鲜见。初民对谷神应该是有所祭献的。从祈农意义上考察，烧疳娃娃未尝不可看作是人牺的遗迹。

燎疳这一古老的祈祷丰收仪式在陇东产生并遗存至今，是有其深刻的历史渊源的。陇东，是中华民族的发祥地之一。据《史记·周本纪》载，由于孔甲之乱，后稷之子不窋失官而率族人"奔戎狄之间"（即今庆阳），"教民稼穑"，时为北豳。后历经鞠陶、公刘三代，使"周道之兴自此始"。这就使得"朴勤力穑"（《庆阳府志》语）成为陇东的重要风尚，正月二十三日的燎疳节正是诞生于这种重农崇农风俗之上的谷神崇拜仪式。由于地理位置远离中心城市，使得这一古老的民俗事象代代相传，保留至今。燎疳节，和这个地区遗存的四月八麦子诞辰、七月十五荞麦诞辰、五月二十六"秋生"节及五月五日"点高高山"等，共同构成陇东地区农耕文化的一个重要方面。

附　篇

风雨周祖陵

壬午年六月八日上午，是万人公祭周祖大典，这是首届中国庆阳香包艺术节期间的一项重要活动。七日晚上却下起了大雨。听着没有一点儿松懈劲儿的雨声，我想，这周祖也是，咋就一点儿也不体恤后辈子孙的心情呢！

八日晨，雨还没打住的意思。问组委会，说没有接到延期的通知。我和北京来的参加农耕文化研讨会的专家们按原日程安排，同乘一辆大轿车出发了。由于西峰到庆阳的路段正在施工，我们是绕道合水去参加这一庆典的。出了西峰，车子折向东北方向，坦荡如砥的董志塬一望无际地呈现在人们的眼前，外地来的客人们对这块高地平原表现出极大的兴趣。偶尔闪过一处地坑院或箩圈庄，热心的当地代表总要不失时机地指给外地的专家看。那些充满渴望的窑洞，这些从历史走到今天的古老与新鲜，仿佛是在给即将开始的庆典活动先做些无声的阐释。

谈笑中，不知什么时候雨住了。正是小麦趋近成熟的季节，望不到边的麦田和一块块的油菜地，把这黄土高原最大的一块打扮得黄黄绿绿，分外受看。饱满的麦穗，肥大的油菜荚，一路叙说着，在告诉人们这是一块富庶的土地。绿荫中，不时闪过一座座农家的红砖小院，住窑洞的人已经不多了。庆阳是周族发祥地，也是中国农耕文明发祥地之一。"古公亶父，陶复陶冗，未有家室"（《诗

周祖陵园 |

经》）。陇东民居自古以土窑洞为主，是窑洞种类保留最完整的区域。这里是典型的黄土高原地带，有着据说是天下最深厚的黄土层。当地民间留传这样的传说，安史之乱中太子李亨逃到董志塬，在农家吃了一顿饱饭，面对董志塬的良田沃畴，感叹地说："八百里秦川，抵不上董志塬边！"这句话不知什么时候成了庆阳人的口头禅。

庆阳人感念老先人，祭周祖已经很有些年代了，但像今天这样规模宏大的万人祭祀活动，恐怕还是不多的。

周祖陵坐落在庆阳县城对面东山之上，1992年我去过的，那时只是一个大些的土塚，藏在荒林乱草之中，但历史却极悠久。"庆阳亦是先王地，城

周祖陵 |

对东山不窋坟"，明代前七子的领袖李梦阳《秋怀》中咏唱的即是这一历史遗迹。庆阳县城南关，还矗立着明代的"周旧邦"木制牌坊，想当年，周祖陵也定是香火很盛的。关于不窋等三代周祖，司马迁《史记》是这记载的："不窋末年，夏后氏政衰，去稷不务，不窋以失其官而奔戎狄之间。不窋卒，子鞠立。鞠卒，子公刘立。公刘虽在戎狄之间，复修后稷之业，务耕种，行地宜。""周道之兴自此始。"戎狄即指今庆阳、平凉一带。史料可证，自不窋而下，周人有十二代先祖在这里生活，直到古公亶父，才沿泾河南迁，在岐山建立周800年基业的。至今庆阳还有庙咀坪公刘邑，温泉老公殿等多处周人活动的铭记。民间传说则更是迷离，不窋匆匆逃出京城，在扶风遇一凤凰，凤凰驮着他向西方飞去，降落到了今天的庆阳这块沃土上。陕西的"扶风"、"凤翔"这些地名都在执著地叙说着这一历史事件。庆阳县城至今犹称"凤城"。柔远河和环江，分别从东西而来，在斩龙湾相交汇，二水分三山，庆阳县城就是在这凤凰的头胸部位，远远望去，真像一只风度翩翩的大凤凰。1993年庆阳县政府开始重新修建周祖陵，建设了周祖陵森林公园，以周祖陵为中心，重建、新建了周祖大殿、周王殿等10余处建筑。周祖陵已成为华夏农耕文明的一种象征，更是庆阳人的骄傲。重修周祖陵之后，年年香火不断，但万人公祭这还是第一次，它是首届中国庆阳香包艺术节的一项重要活动。

庆阳县东山又叫栖凤山，我们紧赶慢赶到了那里，公祭时间也到了。我们匆匆领了绶带与鲜花，从铺着塑料布单的泥水路上穿过熙熙攘攘的人群进入大门，周祖陵所在的山头早已挤满了人。大殿正前方，几十米长的宽阔走道两旁，杏黄旗迎风招展，还有举着斗形宫灯的仪仗。殿前展开一条红毡铺地的大道，两旁是手擎五彩旗和红色串灯的仪仗队。身着红色旗袍、头挽高髻的少女列队肃立，手中分别捧着香、烛、表、帛、祭饼、供花、三酒、五谷、鲜果等。9时50分庆典开始，象征周王朝十三代先祖的十三响礼炮冲天响起，声震山川！太阳从云层里出来了！霎时，只觉得松风共鸣，百鸟合唱，阳光高高地流泻下来，不热，却暖到了人们的心里。人们都说，周祖有灵，祭祀时天就晴了。在庄严的乐曲声中，手捧供礼的少女们依次献祭，最后是牛、猪、羊三牲大礼。接着，在礼仪小姐的引导下，领导和八个代表队的代表依次向周祖敬献花篮。主祭由庆阳地区专员王义担任，他代表251万庆阳儿女向周祖敬诵祭文。主祭完毕，唢呐声起，由1名礼仪小姐引导，10名仪仗旗手、乐队前导，主祭者、司仪长、各方陪祭代表紧随，后面是专家学者、政府官员，列队绕陵一周，向周祖鞠躬行礼，献上虔诚的敬意。耿飚将军题写的"周祖陵"三个大字，笼罩在一片庄严肃穆之中。耿飚曾任八路军358旅旅长，驻扎庆阳城，与进步女学生、庆阳城大家千金赵兰香结为伉俪。这件事数十年在当地传为美谈。此刻，他们年迈的女儿耿莹姐妹就在队列中，向周祖陵鞠躬上香。她们今天是特殊的客人，在外公家参加这样的庆典，感受一定更多吧！

最后是祭礼乐舞。那手持青铜大戈的武士，身着黄色衣衫翩翩起舞的仕女，使人仍能感受到3000年前周王朝开国的雄风和祥瑞之气，又让人联想到历史上大大小小的祭丰仪典。庆阳是农耕文明的发祥地之一，农业，至今仍在庆阳官民心中占着非常神圣的地位。

也许周祖他老人家有意挽留我们这些远道而来的客人吧，我们乘坐的那辆轿车没走几步便不动了。我们下车，回望丛林中的周祖陵寝，仍沉浸在节庆的喜悦里。县城的百姓也携妇将雏，陆续下山，人人脸上洋溢着幸福的光泽。我们等的车未到，天就又阴云四合，飘起了雨丝。

说来也怪，公祭中，天未落滴雨，仪式进行完毕了，却又落起雨来。下午三时之后，雨愈大，至夜不息。都说，周祖显灵了！心诚则灵，信则有，不信则无。周祖显灵是老百姓的说法，但我却信，真诚是能感动上帝的。正是陇东人的真诚感动了农神，陇东这座粮仓才百代不衰……

农耕文化的内涵及对现代农业之意义

中国，是世界三大农业起源中心之一。早在远古时期，就有了农业文明的萌芽，"神农尝百草"的传说就是那段历史留下的印迹。在我国辽阔的土地上，已发现了成千上万处新石器时代原始农业的遗址，最早的当在一万年以前。考古证明，距今七八千年的时候，我国的原始农业已经相当发达了。一般认为，我国的原始农业在夏朝开始向传统农业过渡。在漫长的传统农业经济社会里，我们的祖先用他们的勤劳和智慧，创造了灿烂的农耕文化。源远流长的农耕文化，铸造了中华民族光辉灿烂的历史，书写了中国人的伟大与自豪，今天仍然渗透在我们的生活中，特别是乡村社会生活的方方面面。在由传统农业向现代农业转型的今天，深入发掘农耕文化的内涵及其当代价值，具有十分深远的历史意义和现实意义。

一

随着农业文明社会的形成，农耕文化便成为中国文化之根，见诸于社会生活的方方面面。

农事及其相关活动　和农业生产联系最直接的是"时间"，"在中国古代，人们基本上是生活在按照自然节律和农业生产周期而安排的时间框架之中的"①。自然节律是安排农事活动的依据，在自然节律基础上形成的月令在农耕社会具有十分重要的地位。"中国古代的月令正是古人顺天应人的一种时空结合的文化图式，在中国古代以国家政务为主体的社会生活中，月令发挥了它实践上的政治改良功能；同时，在思想文化的学术体系中，月令也显示了对多种思想流派或文化门类的承续功能。"②在中国古代社会里，实行月令是一种严肃的国家行为，为大多王朝所尊奉。《尚书·尧典》就有尧"乃命羲和，钦若昊天，历象日月星辰，敬授人时"的记载。夏商周三代各有自己的历法。夏代的历日制度《夏小正》中，已把天象、物候、气象和相应的农事活动列在一起便于民间掌握。后来，又把一年分为二十四节气，人们依节气安排农事活动。我国第一部诗歌总集《诗经》中，就有不少关于当时人们顺应季节进行不同的生产活动和生活安排的记载。如《豳风·七月》："七月流火，九月授衣。春日载阳，有鸣仓庚。女执懿筐，遵彼微行，爰求柔桑"。"八月剥枣，十月获稻。为此春酒，以介眉寿。"……另一首叙述周人始祖后稷事迹的长诗《生民》中，对农业生产更有详细的描写："诞后稷之穑，有相之道。弗厥丰草，种之黄茂。实方实苞，实种实襃，实发实秀；实坚实好，实颖实栗，即有邰家室。"不仅是《诗经》，先秦其他典籍中也有许多关于农事活动的记载。直到今天，节气依然是人们开展农业生产活动的依据。如"清明前后，点瓜种豆"之类的农谚俗语，就是人们在长期的农业生产实践中总结出来的宝贵经验。甘肃西和、礼县一带至今还有"春官说春"的习俗，一到春节，春官们便拿着春牛，游乡串户，给人们送二十四节气农家历，用说唱的形式告诉人们要不违农时。我国在上古时期就有祈请风调雨顺和庆祝粮食收获的祈报仪式活动，非常神圣庄重，由天子亲自主祭。北京的天坛、地坛就是明清皇帝祭祀天地的处所。我国的传统节日庆典，就是以农时季节为节律、农年祈报为基调而产生和形成系列的，所有的重要节目、节庆活动，都有着丰富的农耕文化的内容。过旧历年是我国城乡最隆重的节日。"年"在古时的含义就是果实丰收。稼禾收获后，人们就用过"年"的形式来庆祝丰收，感念上天和先祖。遗俗留传至今，长盛不衰。全国各地每年庙会活动很多，举办时间不尽一致，以农历四月为多。其目的除了娱人娱神之外，提供集中的时间和物资交流的场地，为即将到来的收获做好准备，亦是应有之义。

民间信仰　大抵上各个民族都经历过天体崇拜、自然崇拜的原始宗教时期，先民们把日月雷风、山川河岳看作是有神灵的事物，由不理解而敬畏之、膜拜之，于是在形而下的农业生产劳作之上就逐渐出现了一个形而上的神祇的世界。至今各地乡村还普遍有着土地庙、龙王庙、雷神殿等庙宇建筑，越是生产条件艰苦的地方，这一神灵崇拜习俗愈益浓厚。如在干旱贫瘠的甘肃环县，几乎村村有庙，每年人们都要定时祭祀

| 庆阳农耕文化节

社神，这些社神主要有关公、娘娘、祖师爷及牛王天子、马王菩萨、水草大王、土主老爷等。干旱、洪涝、雹雨、病虫是对农业生产的最大威胁。因此，人们一方面兴建相关水利设施等以防患于未然，一方面使用各种祈报仪式，力图通过感化的方式让神灵保佑免遭灾患。如甘肃岷县、临潭常年干旱，但秋夏时节又多雹雨，易发洪涝灾害，于是这里的湫神崇拜就十分盛行。这一带有十八路湫神，每年五月都要举行盛大的迎神赛会。陇中一带有端午节点高高山的习俗。柴禾是放羊娃娃们早就收拾好的，是日一大早，人们赶着牛羊等牲畜上山，在山顶燃起熊熊大火。一时间人欢马叫，天地震动。在此项活动中，最主要的是祭虫及驱赶冰雹的仪式，当地人称之为"压山"。压山时，人们齐声大喊："白雨过去了！白雨过去了！"而在灵台县，人们专为小麦设了个生日——四月八。这天人们挑着纸鸢，敲锣打鼓，绕着农田举行盛大的祭虫仪式。更多的地方是通过祭祀巴蜡爷（类似鸟的一种神灵）来驱除虫灾的。民间祭祀活动反映了人们对自然的一种朴素的理解，表达了与大自然和谐共生的美好愿望。

上层建筑及道德、观念、礼仪等　有什么样的经济基础，就有什么样的与之相适应的上层建筑。我国在先秦时期即已形成的典章制度、礼仪规范、伦理观念，以及产生或萌发于当时并在日后逐渐系统化的哲学思想、岁时节日、文艺、科技等，均与农业经济有着或直接或间接的千丝万缕的关系。进入现代社会以来，随着社会制度的改变和传统农业经济的日渐衰落，其中的有些东西消失了，而有些东西则保持和传承下来，成为中华民族宝贵的文化遗产，在社会生产活动和文化建设中继续发挥着重要作用。诞生于农业经济基础之上的典章制度和礼仪规范，在三代即已经形成。"周礼"尤为孔子所推崇："郁郁乎文哉，吾从周。"他认为，"其或继周者，虽百世可知也。"（《论语·为政》）历朝历代会因历史条件不同，对典章制度有所调整或改革，但维护中央集权的理念没有改变，其哲学和思想基础便是农业社会形成的"天人合一"、"君权神授"观念。按节气从事农事活动，仍然是夺取农业丰收的关键。《论语》《孟子》等先秦典籍中倡导的道德境界，仍然为国人所认同。农耕文化，既是一种物质文化存在，又是一种精神文化现象。作为一种精神文化现象，融注在代代相传的思想道德、伦理观念的教育中，成为重农、崇农习俗的牢固根基。这一文化承传，在乡村主要是以民间故事、传说、歌谣、谚语、游艺活动及民俗仪式等为载体的。这些口承文学和表演艺术，既有关于农业起源的形象阐释，又有对农业生产行为的直接礼赞，更有农本观下的传统道德教育。它们是广大农村活态的艺术、富有的资源，至今仍是乡土中国民间最富活力的文化形态，成为乡村孩子人生最初的文化读本，也是他们永远的精神营养。这是一种老少咸宜的文艺样式，人们在老奶奶的谣曲声中降临人世，在各种不同的劳动和生活环境中耳濡目染、口口相传，最终又在唢呐或孝歌声中离开尘世。"一方水土养一方人"，这养分来自故乡故土的粮菜果蔬，也来自乡土所孕育的传统民间文化。民间文化对人生的滋养是"润物细无声"式的，它对于人们个人道德观念的形成，以及民族传统的建立和维系，起着至为关键的作用。

二

　　农耕文化曾经覆盖了中国社会的方方面面，是中国优秀传统文化的主干成分，也是构建中华民族核心价值观念的重要精神文化资源。那么，农耕文化的内涵是什么？我认为可以概括为"应时、取宜、守则、和谐"八个字。

　　应时。农业生产，本就是一种根据节气、物候、气象等条件而进行的一种具有强烈季节性特征的劳作活动，其时间观念是很强的。俗话说："耽误一节，损失一年。"因此，顺天应时是几千年人们恪守的准则，"不违农时"是世代农民心中的"圣经"。"夫稼为之者人也，生之者地也，养之者天也。""是故得时之稼兴，失时之稼约。"(《吕氏春秋·审时》)

应时，还意味着对机遇的重视和获取。机遇，在发展农业的途程中有时具有特别的意义。在市场经济条件下，机遇就是效益，就是金钱。抓住了机遇，就主动，就发展；丢掉了机遇，就被动，就落伍。

"应时"，体现了前人对自然规律的尊重。

取宜。"宜"即适宜，适合。我国原始农业时期，在作物的种植方面就已经有了地域性特色，北方以粟黍为主，南方以水稻为主。而在畜养业方面，中国最早饲养的家畜是狗、猪、鸡和水牛，以后增至"六畜"（马、牛、羊、猪、鸡、狗）。这说明我们的祖先在农事活动和生活中很早就懂得了"取宜"原则。"应时"，主要是对"天"而言的，"取宜"则主要是对"地"来说的。种植庄稼要"因地制宜"，畜养畜禽要"因物制宜"。"取宜"是夺取农业丰收的重要措施。因地制宜，是根据土地的肥瘠、干湿、地势及向阳背阴等不同情况，种植不同特性的作物。根据农作物生长的需要，选种、施肥、除草、灌溉、轮休、倒茬、间作、复种。总之，是采取种种措施和办法，给作物生长以"宜"，以"宜"促其丰收。从《吕氏春秋·任地》中记载的"人肥必以泽，使苗间而地隙；人耨必以旱，使地肥而土缓"，到新中国成立后的"农业八字宪法"，无一不是"取宜"的体现。

"取宜"，最能反映出人们在生产活动中的能动作用。

后来"取宜"运用到农耕社会生活的多个方面，如婚嫁、出行、修房、殡葬等，都要选择吉利的日子，一年三百六十五天在老皇历中都做了"宜"、"忌"的区分。皇历规定的宜、忌区分，堕入了绝对和迷信，但行事坚持"取宜"原则当是无错的。

守则。则，即准则、规范，也可宽泛地理解为秩序、规矩。中国被视为"礼仪之邦"，盖由此来。"守则"的主要内容一是守范，二是当位。早在三代之时，我国就形成了一整套用以协调人与自然以及人类社会上下左右关系的系统法则。首先是敬天崇德，再是规范社会各阶层、生活等方面的礼仪、秩序，使各当其位，各守职分之"则"。《周礼》《礼记》《仪礼》是考察儒家思想与战国前制度、器物的重要典籍，大量地记载了周代的礼仪规范。经过孔子编定之"礼"，后作为"六经"之一，成为社会全员遵守的人伦之常，奉守之则。"君子慎其独也"，不仅在公开场合要"守则"，个人独处时更要警惕自己的行为，勿使其逸出"规则"之外。"天地人，万物之本也。天生之，地养之，人成之。天生之以孝悌，地养之以衣食，人成之以礼乐。三者相为手足，合以成体，不可一无也。"③大至国家，小到家庭，中国社会超稳定结构的形成，就得力于社会各成员的守则意识和知行合一的身体力行。当位就是恪守职分，可以理解为一种敬业精神和责任感。在其位就要谋其政，行其事。"文死谏，武死战"，"居庙堂之高则忧其民，处江湖之远则忧其君"，"达则兼济天下，穷则独善其身"等，都是这个意思。中国封建社会里有那么多的忠臣良将不惜牺牲个人生命以尽其职，其内在动力之一就来自对"则"的坚守。剔除封建主义的糟粕，这些"规则"的合理内核，今天还被我们继承和发扬着。

"守则"，是人们道德观、价值观的一种体现。

和谐。"应时"、"取宜"、"守则"，归结到一点，就是在天、地、人之间建立一种和谐共生的关系，这是农耕文化的核心理念。早在三代之前，我们的祖先就有了这种理念。《尚书·尧典》云："帝

(指舜帝)曰：夔，命汝典乐，教胄子。直而温，宽而栗，刚而无虐，简而无傲。诗言志，歌永言，声依永，律和声。八音克谐，无相夺伦，神人以和。"这段话是否出自舜帝之口，古今学人尚怀疑问。但"和"至迟在春秋时期已经成为儒家的核心理念，则是没有什么疑问的。《礼记》曰："礼之用，和为贵。"《周易》认为，人应当"与天地合其德，与日月合其明，与四时合其序，与鬼神合其吉凶。先天而天弗违，后天而奉天时"。《礼记·中庸》曰："中也者，天下之大本也；和也者，天下之达道也。致中和，天地位焉，万物育焉。"农业社会是以农为本的，而农是以土地为存在条件的，自然要与自然（天地）建立和谐关系。崇拜山川河岳并向其祭祀，并非皆是迷信，而是人们希求四季风调雨顺，保证五谷丰登的一种心愿的表达，是与自然和谐相处的呼唤与期待。这一和谐理念不只表现在人与天地的关系上，也融注在人与社会，人与人以及人自身的精神和谐方面，已经成为人们立身处世的一个准则。我们常说的"和气生财"、"家和万事兴"、"国泰民安"，再看看民间的吉祥符"龙凤呈祥"、"岁岁平安"、"吉祥如意"、"五福捧寿"……哪一个都离不开一个"和"字。2009年4月，我曾到河北"和字第一村"万庄参加河北省和谐文化研究会成立大会，进到这个村子就看见一座显眼的碑墙，上面刻的是六尺巷的故事。可见，和谐思想在今天还是深入人心的。和谐观是中国传统文化的宝贵遗产，也是中华民族几千年世代相传的核心理念。党中央关于构建和谐社会的号召得到了全国各界的拥护，正说明和谐思想的顺乎民意、合乎国情，顺应了历史前进的方向。

三

中国农耕文化的主要内涵在先秦时期就已形成，无论从历史典籍还是文学作品中都可以找到证明。而"中国早期思想的形成与发展，和作为古典中国社会基层组织的'村社'（宗族公社）生活形态有着密切的联系。或者可以说，精神空间和社会空间有着高度同构的一致性"④。农耕文化产生和存在的基础，即是这种以"村社"为单元的社会组织形式。今天，中国的广大农村仍是以"村社"为基本结构形态，农耕文化仍是农村社会的主要文化形态和主要精神资源。我们正处在传统农业向现代农业的转型时期，但现代农业不是凭空从天上掉下来的，如何发掘农耕文化的当代价值，使其为现代农业服务，是我们面对的一个重要课题。

过去几十年，我们总是习惯于把人和自然对立起来，概括为一句话就是"人定胜天"。大跃进年代甚至荒唐地提出"人有多大胆，地有多大产"的口号，到处放人造"高产卫星"，到头来坑了国家，害了人民。"人定胜天"怎么个胜法？——战天斗地。毁林开荒，围海造田，不看条件地堵沟筑坝修水库，命令明河地下走……战来斗去，山成了荒山秃岭，许多小河溪流从地上彻底消失了，大自然开始惩罚人类。吃了苦头，回过头来看，还是要顺天应时。当然，顺天应时不是放弃人的主观能动作用，被动地等待上天的赐予，而是要在不违背自然规律的前提下改造自然。比如前些年的平整梯田就不能一概否定，它毕竟改善了生产条件，给后人带来了福祉。顺天应时，还有一个顺应时代、抓住机遇的问题。事实证明，在向现代农业迈进的途中，谁先抓住了机遇，谁发展就快。

取宜，也是我们建设现代农业应该坚守的原则。取宜，就是要因地制宜、因物制宜、因时制宜。要根据不同的地理环境，物候条件和土质状况，宜农则农，宜林则林，宜牧则牧，宜渔则渔，制定合理、科学的农业发展方略。而不是像过去那样习惯于"一二一，齐步走"，什么事都搞一刀切，模式化。在改革开放以来，已有不少地方解放思想，合理规划，大胆实践，走出了新路，积累了成功的经验。甘肃定西市就是一个成功的典型。定西我们都知道，那是个出名的苦地方，联合国官员考察之后，断言是个"不适宜人类生存的地方"。为了改变贫困面貌，定西人开始走的也是战天斗地的路，出大力，流大汗，上世纪70年代曾创造了甘肃省学大寨的典型——大坪。但平田整地虽然部分地改善了生产条件，贫穷的帽子却还是甩不掉。从1984年开始，著名社会学家费孝通先生先后四次亲自到定西考察，他深有感触地说："在一个不适宜种粮食的地方，近百年，居然发展了以生产粮食为主的农本经济，这是不可思议的。"他认为，"在思想观念里也要'反弹琵琶'，来一次意识领域的革新。要确认自然条件和商品经济规律是决定利用土地的原则"，要改变见了土地就想种粮的观念。在痛苦中反思和摸索的定西农民，用10年时间终于完成了意识领域的革新。在费老的启迪下，定西党政领导干部从群众的实践中总结出了适宜当地的发展之路，提出了"三个顺应，三个遵循"的指导思想：顺应天时，遵循自然规律；顺应市场，遵循经济规律；顺应时代，遵循科学规律。顺天应时，遵循自然规律，将定西的生态脆弱、干旱缺水、高寒阴凉等自然条件劣势转化为发展马铃薯、中药材等特色经济优势，按天时调整农作物种植结构，使之从对抗性结构向适应性结构转变；顺应市场，遵循经济规律，就是按照市场需求组织生产，市场需要什么就发展什么，什么有比较优势就开发什么；顺应时代，遵循科学发展规律，就是紧跟时代步伐，追踪科技前沿，始终把经济发展和社会进步建立在科技支撑之上。⑤观念的改变为定西的经济腾飞插上了翅膀，定西人终于找到了撬动定西经济发展的支点，用小土豆做出了大文章。目前定西已成为全国最大的马铃薯生产基地、最大的马铃薯种植基地、最大的马铃薯深加工基地。正是这场以产业结构改革为中心的农业革命，使定西人民甩掉了多少年来一直戴在头上的"苦甲天下"的帽子，为世界反贫穷斗争创造了一个奇迹，也为农耕文化内涵的当代利用树立了一个典范。

定西地区是有名的干旱地区，五六月份最需要雨水的时候，天气死命地旱，而到夏秋粮食收获季节，却又频遭暴雨雹灾的袭击。改变了种植结构，洋芋的生长周期和习性与当地气候基本适应。加上多年来的雨水集流工程建设和小流域治理，定西的生态环境也有了较大的改变。几千年来，人们修庙拜神，祈求与大自然的和谐共处，如今不用求神拜佛，也取得了与大自然的和谐。汲取农耕文化合理内核，确立发展现代农业的思路，改革开放30年来定西发生的巨变是引人深思的。一定要用科学发展观指导现代农业规划与建设，要把增长建立在可持续发展的根基上，在经济结构调整、土壤肥力的培育、水的利用等方面必须要有长远的眼光，构筑一个和谐优良的农业生态环境。在向现代化农业迈进的今天，农业文明发祥地之一的庆阳市也创造了相当成功的经验。全国各地都有一些成功的典型，他们以各自不同的特色和经验，证明了这样一个道理：顺应天时，找准特色，因地制宜，和谐发展，是建构中国现代农业的必由之路。当然，发展现代大农业是不同于传统农业的小农经济生产的，必须解放思想，自觉打破守成心理和封闭心态，以开阔的视野汲取世界农业生产的先进经验，结合我们自己各自的实际探索出一条科学的发展之路。"古为今用，洋为中用"的原则，对于发展现代农业大抵也是适宜的。

注释：

①周星《中国：时间观念与时间制度多样化的国度》，见《节日文化论文集》，学苑出版社，2006年。

②李道和《月令：中国文化的时空图式》，同上书。

③董仲舒《春秋繁露》卷六《立原神第十九》，中华书局，1975年。

④赵雨《上古歌诗的文化视野》，社会科学文献出版社，2005年。

⑤阎强国《土豆的微笑》，甘肃人民出版社，2008年。

后　记

　　年轻的时候，我在陇东先后生活了22年（中间有四年在兰州上大学），因此对那片土地我不陌生，对先周与陇东的关系也了解一些。但是，真要把这种关系写成一本书，却感到为难。原因是我要写的不是历史小说，也不是演义或平话一类的东西，可以大胆地构思，海阔天空地想象，甚至编造一些故事，演绎一些情节。这是一部非严格意义上的"史书"。史书自然有史书的要求，那便是历史的真实。然而，说是史书，却又没有可以依赖的脉络和比较清楚的史实，特别是季历之前的周先祖，史书记载极少。不要说没有连贯的史实线索，连人物的生卒年月都不清楚。有的史实也仅仅是几个节点，并且非常简略，而且多有矛盾之处。有的只是一句话。为了写好这部书，我找来了我能够找到的所有资料，先进行研究性的阅读。大体理出了一个思路，然后才集中时间写作。那段日子，我就像踩在钢丝上，生怕一失足跌入谬误或虚空。我还不善于敲键盘写作，仍然是写在稿纸上。我一边写，老伴一边用她不熟练的打字技术敲在电脑上。就这样紧紧张张了几个月，总算把稿子写完了，我们这才舒了一口气。是好是坏，由读者去评说吧。

写作中，参考了许多学人的著述，他们的研究成果给我了很大的启示和帮助，书稿引述了其中的一些观点或说法，在此谨表示诚挚的谢意！

作　者

2013年9月